U0104339

978 9575470784

皇清經解正續編書題索引

陳枉治　謝慧暹

編

文史哲出版社
印　行

國立中央圖書館出版品預行編目資料

皇清經解正續編書題索引 / 陳柾治，謝慧暹編.
-- 初版. -- 臺北市：文史哲，民80
面；　公分
ISBN 957-547-078-8 (精裝)

1. 經學

098   80003841

○　文史哲學集成

皇清經解正續編書題索引

著　　者：陳柾治・謝慧暹
出　版　者：文史哲出版社
登記證字號：行政院新聞局局版臺業字〇七五五號
發　行　所：文史哲出版社
印　刷　者：文史哲出版社
　　　　　台北市羅斯福路一段七十二巷四號
　　　　　郵撥〇五一二八八一二彭正雄帳戶
　　　　　電話：三五一一〇二八

中華民國八十年十月初版

實價新台幣　四〇〇元

目　　錄

敍　　例

1. 清阮元編《皇清經解》合王先謙《續編》，名曰《皇清經解正續編》。彙集清代學者經解四百餘種，為研究中國經學之重要文獻。惟篇目浩繁，又無索引，檢索費時，於是編纂索引，以便查檢。

2. 本編以台北復興書局所印《皇清經解正續編》及台北漢京文化事業有限公司印行《皇清經解正續編》分類重編本為準。

3. 凡作者姓氏、書目均以原典正文所刊為據。筆畫檢字則由少畫至多畫為序。

4. 凡音序檢字有二讀以上者，皆以該字之本音為準。

5. 凡諸經分為：《易》、《書》、《詩》、《三禮》、《春秋》、《孟子》、《孝經》、《論語》、《爾雅》、《諸經總義》之類，一本王進祥重編本（漢京版）。惟是篇中有齊召南《禮記注疏考證》《春秋左傳注疏考證》《春秋公羊傳注疏考證》《春秋穀梁傳注疏考證》等篇誤入《書》類。今悉歸正，不更標舉。

6. 凡查某作者所著錄之篇目；以作者姓氏筆畫為序，其篇目則以《皇清經解正續編》著錄之卷次為序，臚列其名下。

書題筆畫檢字表

【 2 畫 】		考（攷）	10	音	16	達	19	燕	23
九	7	**【 7 畫 】**		**【 1 0 畫 】**		過	19	瞥	23
十	7	何	10	唐	16	頑	19	磬	23
【 3 畫 】		吾	10	夏	16	羣	19	積	23
三	7	孝	10	書	16	摯	19	龍	23
士	7	求	10	校	17	**【 1 4 畫 】**		駿	23
大	7	車	10	**【 1 1 畫 】**		實	19	**【 1 7 畫 】**	
小	7	**【 8 畫 】**		問	17	漢	19	鍾	23
【 4 畫 】		卦	10	國	17	爾	20	聲	23
五	7	周	10	巢	17	說	20	戴	23
今	7	孟	11	晚	17	齊	20	隸	23
六	7	宗	12	深	17	禘	20	韓	23
公	7	尚	12	**【 1 2 畫 】**		漑	20	**【 1 8 畫 】**	
天	8	易	13	喪	17	**【 1 5 畫 】**		禮	23
日	8	明	13	曾	17	儀	20	魏	24
毛	8	昏	13	朝	17	劉	21	覲	24
水	8	東	13	湛	17	廣	21	**【 19-25 畫 】**	
【 5 畫 】		果	13	發	17	撫	21	疇	24
北	9	杲	13	逸	17	潛	21	寶	24
古	9	**【 9 畫 】**		鄉	17	縠	21	釋	24
四	9	拜	13	開	17	箴	22	續	24
左	9	春	13	**【 1 3 畫 】**		論	22	讀	24
弁	9	癸	16	溝	17	質	22	鑑	25
玉	9	研	16	經	17	輪	22	觀	25
白	9	禹	16	虞	18	鄭	22		
【 6 畫 】		秋	16	蜀	18	魯	22		
仲	10	述	16	解	18	**【 1 6 畫 】**			
先	10	郊	16	詩	18	學	22		

皇　清　經　解　正　續　編			復　興　版		漢　京　版	
書　　　　名	作　者	卷次	冊次	頁　　碼	冊次	頁　　碼
九經古義	惠　棟	359	11	3803	19	14379
九穀考	程瑤田	548	17	6137	15	10481
九經誤字	顧炎武	1	續 1	16	續19	15397
九族考	俞　樾	1352	續19	15352	續10	6729
十駕齋養新錄	錢大昕	439	14	4959	17	12757
十駕齋養新餘錄	錢大昕	442	14	4996	17	12794
十三經詁答問	馮登府	741	續11	8587	續19	15401
三家詩異文疏證	馮登府	1407	40	15461	7	4701
三家詩異文疏證補遺	馮登府	1408	40	15495	7	4735
士昏禮對席圖	俞　樾	1354	續19	15367	續11	8107
大戴禮記補注	孔廣森	698	22	8241	10	6899
大戴禮記正誤	汪　中	802	24	9143	10	6871
大小宗通繹	毛奇齡	23	續 1	214	續 9	6331
大學古義說	宋翔鳳	387	續 6	4397	續11	8271
大戴禮注補	汪　昭	821	續13	9520	續11	8291
大誓答問	龔自珍	930	續14	10455	續 3	1995
小爾雅訓纂	宋翔鳳	405	續 6	4544	續18	13997
五經異義疏證	陳壽祺	1248	35	13513	18	13403
五經小學述	莊述祖	238	續 4	2605	續19	15449
今文尚書經說攷	陳喬樅	1079	續16	11892	續 2	1273
六書音均表	段玉裁	656	20	7563	16	11169
公羊春秋何氏解詁箋	劉逢祿	1290	37	14141	13	9407

皇　清　經　解　正　續　編			復　興　版		漢　京　版	
書　　　　　名	作　者	卷次	冊次	頁　　碼	冊次	頁　　碼
公羊禮說	凌　曙	1355	39	14725	13	9391
公羊逸禮攷徵	陳　奐	815	續13	9467	續15	12063
公羊禮疏	凌　曙	852	續13	9830	續15	12075
公羊問答	凌　曙	863	續13	9922	續15	12169
公羊義疏	陳　立	1189	續18	13467	續16	12255
天子肆獻祼饋食禮纂	任啟運	134	續 3	1744	續11	8143
日知錄	顧炎武	18	1	149	17	12155
毛詩稽古編	陳啟源	60	3	809	7	4369
毛鄭詩考正	戴　震	557	17	6267	6	3897
毛詩故訓傳	段玉裁	600	18	6701	6	3947
毛詩校勘記	阮　元	840	25	9391	7	4755
毛詩補疏	焦　循	1151	32	12245	6	4097
毛詩紬義	李黼平	1331	38	14499	6	4143
毛詩攷證	莊述祖	231	續 4	2534	續 8	5239
毛詩周頌口義	莊述祖	235	續 4	2557	續 7	4921
毛詩傳箋通釋	馬瑞辰	416	續 6	4616	續 4	2305
毛詩後箋	胡承珙	448	續 7	5096	續 4	2784
毛詩說	陳　奐	812	續12	9418	續 6	3832
毛詩傳義類十九篇	陳　奐	813	續12	9433	續 6	3813
毛詩鄭箋改字說	陳喬樅	1167	續17	13085	續 8	5623
毛詩譜	胡元儀	1426	續20	16274	續 8	5191
水地小記	程瑤田	545	16	6123	15	10467

皇 清 經 解 正 續 編			復 興 版		漢 京 版	
書　　　　名	作　者	卷 次	冊 次	頁　碼	冊 次	頁　碼
北宋石經攷異	馮登府	1406	40	15444	17	12988
古文尚書考	惠　棟	351	10	3707	5	3061
古文尚書撰異	段玉裁	567	17	6409	5	3085
古書疑義舉例	俞　樾	1397	續20	15940	續20	15939
四書釋地	閻若璩	20	1	185	17	12399
四書釋地續	閻若璩	21	1	200	17	12414
四書釋地又續	閻若璩	22	1	219	17	12433
四書釋地三續	閻若璩	23	1	259	17	12473
四書賸言	毛奇齡	184	5	1785	17	12299
四書賸言補	毛奇齡	188	5	1801	17	12315
四書考異	翟　灝	449	14	5069	17	12499
四書釋地辨證	宋翔鳳	1329	38	14481	20	15481
四書稗疏	王夫之	12	續 1	132	續20	15873
左傳杜解補正	顧炎武	1	1	15	12	8571
左海經辨	陳壽祺	1251	36	13623	18	13351
左海文集	陳壽祺	1253	36	13675	18	13513
左氏春秋考證	劉逢祿	1294	37	14183	13	9069
左通補釋	梁履繩	270	續 5	3183	續14	10275
左傳舊疏考正	劉文淇	747	續12	8635	續14	11103
弁服釋例	任大椿	495	15	5425	9	6055
玉佩考	俞　樾	1357	續19	15409	續11	8113
白田草堂存稿	王懋竑	243	7	2545	18	13073
白鷺洲主客說詩	毛奇齡	21	續 1	196	續 7	4859
白虎通疏證	陳　立	1265	續18	14235	續 9	6129

皇　清　經　解　正　續　編				復　興　版		漢　京　版	
書　　　　名	作　者	卷次	冊次	頁　　碼	冊次	頁　　碼
仲氏易	毛奇齡	90	4	1141	1	17
先聖生卒年月日考	孔廣牧	1414	續20	16097	續20	16441
考工創物小記	程瑤田	536	16	5939	9	5921
考工記圖	戴　震	563	17	6317	9	5849
考工記車制圖解	阮　元	1055	29	11221	10	6407
攷工記攷辨	王宗涑	1020	續15	11313	續10	6665
何休注訓論語述	劉恭冕	1412	續20	16077	續17	13685
吾亦廬稿	崔應榴	1323	38	14415	19	14337
孝經校勘記	阮　元	1027	29	10975	14	9957
孝經義疏	阮　福	1360	39	14789	14	9939
孝經問	毛奇齡	24	續 1	223	續17	13701
孝經徵文	丁　晏	847	續13	9797	續17	13709
求古錄禮說	金　鶚	663	續10	7193	續 9	5653
求古錄禮說補遺	金　鶚	678	續10	7403	續 9	5863
車制攷	錢　坫	216	續 3	2358	續10	6607
卦氣解	莊存與	160	續 3	1993	續 1	674
卦本圖攷	胡秉虔	353	續 6	4107	續 1	651
周禮疑義舉要	江　永	244	7	2563	9	5607
周官祿田考	沈　彤	316	10	3383	9	5817
周易述	惠　棟	330	10	3503	1	257
周禮軍賦說	王鳴盛	435	13	4895	9	5753
周禮漢讀考	段玉裁	634	18	6851	9	5655
周易校勘記	阮　元	807	25	9203	2	1171

| 皇 清 經 解 正 續 編 | | | 復 興 版 | | 漢 京 版 | |
書 名	作 者	卷次	冊 次	頁 碼	冊 次	頁 碼
周禮挍勘記	阮 元	850	26	9609	10	6233
周易補疏	焦 循	1147	32	12209	2	1153
周易述補	江 藩	1166	32	12385	2	723
周易虞氏義	張惠言	1218	35	13253	1	461
周易虞氏消息	張惠言	1227	35	13359	1	567
周易鄭氏義	張惠言	1231	35	13413	1	621
周易荀氏九家義	張惠言	1233	35	13435	1	643
周易稗疏	王夫之	2	續 1	19	續 1	1
周官記	莊存與	161	續 3	1997	續 10	6385
周官說	莊存與	166	續 3	2027	續 9	6341
周官說補	莊存與	168	續 3	2040	續 9	6354
周易述補	李林松	302	續 5	3644	續 5	320
周易攷異	宋翔鳳	382	續 6	4346	續 1	366
周官故書攷	徐養原	516	續 8	5996	續 10	6415
周禮學	王聘珍	536	續 8	6188	續 10	6457
周易虞氏略例	李 銳	626	續 9	6924	續 1	390
周禮注疏小箋	曾 釗	816	續 13	9478	續 10	6473
周易姚氏學	姚配中	882	續 13	10041	續 1	403
周易爻辰申鄭義	何秋濤	1278	續 18	14454	續 1	667
周易舊疏考正	劉毓崧	1345	續 19	15274	續 1	574
周易互體徵	俞 樾	1351	續 19	15349	續 1	671
周易釋爻例	成蓉鏡	1405	續 20	16001	續 1	678
孟子生卒年月考	閻若璩	24	1	285	14	9987
孟子挍勘記	阮 元	1039	29	11143	14	10363

皇 清 經 解 正 續 編			復 興 版		漢 京 版	
書　　名	作　者	卷次	冊次	頁　碼	冊次	頁　碼
孟子正義	焦　循	1117	31	11839	14	9993
孟子四攷	周廣業	227	續 4	2463	續17	13721
孟子趙注補正	宋翔鳳	399	續 6	4481	續17	13793
孟子音義攷證	蔣仁榮	1348	續19	15312	續17	13857
宗法小記	程瑤田	524	16	5789	8	5193
尚書地理今釋	蔣廷錫	207	6	2049	3	1693
尚書注疏考證	齊召南	310	9	3309	4	2687
尚書小疏	沈　彤	319	10	3415	3	1713
尚書集注音疏	江　聲	390	11	4021	3	1813
尚書後案	王鳴盛	404	12	4299	4	2091
尚書釋天	盛百二	485	14	5305	5	2971
尚書今古文注疏	孫星衍	735	23	8523	4	2761
尚書挍勘記	阮　元	818	25	9277	5	3685
尚書補疏	焦　循	1149	32	12227	3	1721
尚書札記	許鴻磐	1409	40	15517	3	1741
尚書古文疏證	閻若璩	28	續 1	261	續 2	687
尚書今古文集解	劉逢祿	322	續 6	3935	續 2	945
尚書大傳輯校	陳壽祺	354	續 6	4113	續 2	1145
尚書略說	宋翔鳳	384	續 6	4370	續 2	1185
尚書譜	宋翔鳳	386	續 6	4386	續 2	1239
尚書餘論	丁　晏	844	續13	9747	續 2	1201
尚書歐陽夏侯遺說攷	陳喬樅	1117	續16	12494	續 3	1876
尚書舊疏考正	劉毓崧	1346	續19	15282	續 2	1223

皇　清　經　解　正　續　編			復　興　版		漢　京　版	
書　　　　　名	作　者	卷次	冊次	頁　碼	冊次	頁　碼
尚書麻譜	成蓉鏡	1406	續20	16010	續 2	1251
易音	顧炎武	5	1	59	1	1
易說	惠士奇	208	6	2069	1	203
易章句	焦　循	1077	30	11443	2	757
易通釋	焦　循	1089	30	11513	2	843
易圖略	焦　循	1109	31	11781	2	1095
易義別錄	張惠言	1234	35	13441	2	649
易圖明辨	胡　渭	37	續 1	519	續 1	119
易例	惠　棟	137	續 3	1790	續 1	39
易漢學	惠　棟	139	續 3	1821	續 1	71
易圖條辨	張惠言	307	續 5	3690	續 1	242
易經異文釋	李富孫	539	續 8	6210	續 1	582
明堂大道錄	惠　棟	147	續 3	1869	續10	6533
昏禮重別論對駁義	劉壽曾	1423	續20	16238	續11	8119
東塾讀書記	陳　澧	945	續14	10611	續20	16197
果堂集	沈　彤	329	10	3487	18	13091
杲溪詩經補注	戴　震	561	17	6301	6	3931
拜經日記	臧　庸	1170	32	12421	18	13181
拜經文集	臧　庸	1178	32	12509	18	13269
春秋毛氏傳	毛奇齡	120	4	1327	12	7669
春秋簡書刊誤	毛奇齡	156	5	1597	12	7937
春秋屬辭比事記	毛奇齡	158	5	1615	12	7955
春秋地理考實	江　永	252	7	2619	12	8291

皇 清 經 解 正 續 編			復 興 版		漢 京 版	
書　　　名	作　者	卷次	冊次	頁　碼	冊次	頁　碼
春秋說	惠士奇	228	7	2313	12	8059
春秋左傳注疏考證	齊召南	312	9	3329	4	2707
春秋公羊傳注疏考證	齊召南	314	9	3355	4	2733
春秋穀梁傳注疏考證	齊召南	315	9	3371	4	2749
春秋左傳小疏	沈　彤	328	10	3477	12	8605
春秋左傳補註	惠　棟	353	10	3731	13	8615
春秋正辭	莊存與	375	11	3895	12	8345
春秋公羊通義	孔廣森	679	22	8045	13	9145
春秋公羊經傳通義敘	孔廣森	691	22	8190	13	9290
春秋左氏傳挍勘記	阮　元	949	28	10397	13	8729
春秋公羊傳挍勘記	阮　元	991	28	10737	13	9295
春秋穀梁傳挍勘記	阮　元	1003	29	10833	13	9563
春秋左傳補疏	焦　循	1159	32	12319	13	8687
春秋左傳補注	馬宗璉	1277	37	13975	13	9095
春秋公羊經何氏釋例	劉逢祿	1280	37	14025	13	9425
春秋異文箋	趙　坦	1303	37	14249	12	8471

皇 清 經 解 正 續 編			復 興 版		漢 京 版	
書　　　名	作　者	卷次	冊次	頁　碼	冊次	頁　碼
春秋稗疏	王夫之	10	續 1	107	續13	9501
春秋占筮書	毛奇齡	15	續 1	159	續 1	21
春秋長歷	陳厚耀	47	續 1	642	續13	9527
春秋大事表	顧棟高	67	續 2	873	續12	8629
春秋大事表輿圖	顧棟高	133	續 3	1703	續12	9460
春秋左傳詁	洪亮吉	250	續 4	2823	續13	9915
春秋左傳異文釋	李富孫	561	續 9	6443	續14	10737
春秋公羊傳異文釋	李富孫	571	續 9	6568	續15	12053
春秋穀梁傳異文釋	李富孫	572	續 9	6576	續15	11435
春秋左氏古義	臧壽恭	579	續 9	6606	續14	10863
春秋左氏傳補注	沈欽韓	585	續 9	6657	續14	10915
春秋左氏傳地名補注	沈欽韓	597	續 9	6778	續14	11037
春秋穀梁傳時月日書法釋例	許桂林	659	續10	7166	續15	11441
春秋朔閏異同	羅士琳	755	續12	8738	續13	9681
春秋左傳賈服注輯述	李貽德	757	續12	8790	續15	11201
春秋繁露注	凌　曙	865	續13	9938	續13	9811
春秋公羊傳歷譜	包慎言	898	續14	10213	續16	12187
春秋決事比	龔自珍	931	續14	10462	續13	9741
春秋古經說	侯　康	955	續14	10702	續13	9749

皇清經解正續編			復興版		漢京版	
書名	作者	卷次	冊次	頁碼	冊次	頁碼
春秋釋	黃式三	1019	續15	11303	續13	9765
春秋名字解詁補義	俞樾	1359	續20	15427	續13	9775
春秋日南至譜	成蓉鏡	1411	續20	16069	續13	9790
癸巳類稿	俞正燮	834	續13	9636	續20	16083
癸巳存稿	俞正燮	840	續13	9708	續20	16157
研六室雜著	胡培翬	1302	37	14241	18	13587
禹貢錐指	胡渭	27	2	317	3	1245
禹貢三江考	程瑤田	542	16	6089	3	1659
禹貢鄭注釋	焦循	357	續6	4153	續3	2002
禹貢錐指正誤	丁晏	845	續13	9769	續3	2043
禹貢圖	陳澧	944	續14	10601	續3	2048
禹貢鄭氏略例	何秋濤	1279	續18	14458	續5	2058
禹貢說	倪文蔚	1404	續20	15998	續3	2070
禹貢班義述	成蓉鏡	1408	續20	16032	續3	2073
秋槎雜記	劉履恂	1322	38	14401	19	14323
述學	汪中	799	24	9099	18	13153
郊社禘祫問	毛奇齡	22	續1	204	續11	7985
音論	顧炎武	4	1	49	15	10441
唐石經攷異	馮登府	1404	40	15415	17	12959
夏小正疏義	洪震煊	1318	38	14371	9	6203
夏小正分箋	黃模	573	續9	6580	續11	8601
夏小正異義	黃模	577	續9	6597	續11	8619
書序述聞	劉逢祿	321	續5	3907	續2	1117

皇　清　經　解　正　續　編			復　興　版		漢　京　版	
書　　　　名	作　者	卷次	冊次	頁　　碼	冊次	頁　　碼
書古微	魏　源	1280	續19	14471	續 3	2109
校禮堂文集	淩廷堪	797	24	9079	8	5545
問字堂集	孫星衍	774	23	8733	20	15465
國朝石經攷異	馮登府	1401	40	15357	17	12901
國語補校	劉台拱	208	續 3	2295	續16	13023
國語發正	汪遠孫	629	續 9	6958	續16	13029
巢經巢經說	鄭　珍	943	續14	10582	續20	15683
晚書訂疑	程廷祚	157	續 3	1956	續20	15901
深衣考誤	江　永	251	7	2611	10	6429
深衣釋例	任大椿	191	續 3	2189	續11	8563
喪禮經傳約	吳卓信	777	續12	9023	續11	8065
喪服會通說	吳家賓	1046	續15	11537	續11	8071
曾子注釋	阮　元	803	24	9171	11	6983
朝廟宮室考	任啟運	136	續 3	1775	續10	6517
湛園札記	姜宸英	194	5	1833	17	12373
發墨守評	劉逢祿	1291	37	14159	18	13585
逸周書雜志	王念孫	209	續 3	2300	續 3	1894
逸周書集訓校釋	朱右曾	1028	續15	11380	續 3	1923
逸周書逸文	朱右曾	1038	續15	11443	續 3	1990
鄉黨圖考	江　永	261	8	2711	14	9649
鄉黨正義	金　鶚	679	續10	7415	續17	13693
開有益齋經說	朱緒曾	984	續14	10967	續20	15703
溝洫疆理小記	程瑤田	541	16	6061	9	6027
經問	毛奇齡	162	5	1643	17	12191

【 13畫 】 經虞蜀解詩

皇 清 經 解 正 續 編			復 興 版		漢 京 版	
書 名	作 者	卷次	冊次	頁 碼	冊次	頁 碼
經義雜記	臧 琳	195	5	1843	19	14471
經史問答	全祖望	302	9	3235	18	13293
經韻樓集	段玉裁	661	20	7619	20	15327
經學卮言	孔廣森	711	22	8325	20	15273
經讀考異	武 億	727	23	8477	19	14649
經義知新記	汪 中	801	24	9127	18	13137
經義述聞	王引之	1180	33	12547	18	13617
經傳釋詞	王引之	1208	34	13165	19	14235
經書算學天文攷	陳懋齡	1328	38	14459	20	15251
經傳攷證	朱 彬	1361	39	14807	20	15201
經義叢鈔	嚴 杰	1371	39	14891	20	14735
經傳小記	劉台拱	207	續 3	2280	續19	15471
經說略	黃以周	1419	續20	16176	續20	15799
經述	林頤山	1428	續20	16311	續20	15839
虞氏易禮	張惠言	1229	35	13389	1	597
虞氏易事	張惠言	308	續 5	3708	續 1	260
虞氏易言	張惠言	310	續 5	3732	續 1	284
虞氏易候	張惠言	312	續 5	3759	續 1	311
虞氏易消息圖說	胡祥麟	929	續14	10445	續 1	657
蜀石經攷異	馮登府	1405	40	15431	17	12975
解春集	馮 景	205	6	2021	12	8031
解字小記	程瑤田	546	17	6131	15	10475
詩本音	顧炎武	8	1	75	6	3799
詩說	惠周惕	190	5	1809	6	3873

皇　清　經　解　正　續　編			復　興　版		漢　京　版	
書　　　　名	作　者	卷次	冊次	頁　碼	冊次	頁　碼
詩說附錄	惠周惕	193	5	1829	6	3893
詩經小學	段玉裁	630	18	6811	6	4057
詩經稗疏	王夫之	6	續 1	39	續 4	2237
詩聲類	孔廣森	194	續 3	2227	續 7	4867
詩聲分例	孔廣森	206	續 3	2265	續 7	4905
詩書古訓	阮　元	240	續 4	2627	續 7	4969
詩經異文釋	李富孫	545	續 9	6265	續 8	5263
詩毛氏傳疏	陳　奐	778	續12	9029	續 5	3449
詩譜攷正	丁　晏	846	續13	9774	續 8	5215
詩地理徵	朱右曾	1039	續15	11448	續 7	4737
詩經四家異文攷	陳喬樅	1171	續17	13115	續 8	5441
詩古微	魏　源	1292	續19	14598	續 6	3846
詩名物證古	俞　樾	1353	續19	15356	續 7	4827
達齋叢說	俞　樾	1350	續19	15342	續20	16409
過庭錄	宋翔鳳	411	續 6	4581	續20	16041
頑石廬經說	徐養原	526	續 8	6091	續19	15501
簞經補義	江　永	256	8	2673	17	12323
簞經識小	李　惇	719	23	8409	18	13005
簞經義證	武　億	217	續 3	2371	續19	14797
簞經宮室圖	焦　循	359	續 6	4194	續19	14847
簞經平議	俞　樾	1362	續20	15458	續19	14913
掣經室集	阮　元	1068	30	11331	20	15499
實事求是齋經義	朱大韶	739	續11	8504	續19	15599
漢石經攷異	馮登府	1402	40	15388	17	12932

【 14-15畫 】漢爾說齊禘溉儀

皇 清 經 解 正 續 編			復 興 版		漢 京 版	
書 名	作 者	卷次	冊次	頁 碼	冊次	頁 碼
漢孳室文鈔	陶方琦	1421	續20	16216	續20	16417
爾雅正義	邵晉涵	504	15	5573	16	11225
爾雅挍勘記	阮 元	1031	29	11005	16	11993
爾雅義疏	郝懿行	1257	36	13747	16	11765
爾雅補郭	翟 灝	188	續 3	2165	續18	13889
爾雅古義	錢 坫	213	續 3	2329	續18	13907
爾雅釋地四篇注	錢 坫	215	續 3	2341	續18	13919
爾雅匡名	嚴元照	496	續 8	5848	續18	14035
爾雅經注集證	龍敏瑞	1186	續17	13454	續18	14783
說文解字注	段玉裁	641	19	6949	15	10555
說緯	王 崧	1370	39	14869	12	8449
說文聲類	嚴可均	365	續 6	4287	續18	13937
說文聲類出入表	嚴可均	381	續 6	4345	續18	13995
說文諧聲譜	張成孫	650	續10	7075	續18	14185
說文解字音均表	江 沅	680	續10	7423	續18	14277
說文聲讀表	苗 夔	959	續14	10736	續18	14661
齊詩翼氏學	迮鶴壽	848	續13	9809	續 7	4689
齊詩遺說攷	陳喬樅	1138	續17	12747	續 6	4349
齊詩翼氏學疏證	陳喬樅	1176	續17	13297	續 7	4711
禘說	惠 棟	155	續 3	1943	續11	7997
禘祫問答	胡培翬	738	續11	8495	續11	8011
溉亭述古錄	錢 塘	717	22	8379	20	15429
儀禮章句	吳廷華	271	8	2859	11	7015
儀禮小疏	沈 彤	320	10	3423	11	7147

皇　清　經　解　正　續　編			復　興　版		漢　京　版	
書　　　　名	作　　者	卷次	冊次	頁　碼	冊次	頁　碼
儀禮喪服文足徵記	程瑤田	525	16	5805	11	7297
儀禮漢讀考	段玉裁	640	18	6943	9	5747
儀禮釋官	胡匡衷	775	23	8749	11	7201
儀禮挍勘記	阮　元	864	26	9783	11	7417
儀禮釋宮增註	江　永	57	續　2	795	續10	6739
儀禮釋例	江　永	58	續　2	805	續10	6735
儀禮管見	褚寅亮	171	續　3	2070	續10	6749
儀禮圖	張惠言	313	續　5	3768	續10	6869
儀禮古今文疏義	胡承珙	478	續　8	5761	續10	6993
儀禮古今文異同疏證	徐養原	520	續　8	6036	續10	7077
儀禮學	王聘珍	538	續　8	6203	續10	7125
儀禮經注疏正譌	金日追	609	續　9	6842	續10	7133
儀禮正義	胡培翬	698	續11	7807	續10	7217
儀禮私箋	鄭　珍	935	續14	10513	續11	7905
劉氏遺書	劉台拱	798	24	9093	20	15459
劉貴陽經說	劉書年	1320	續19	14985	續20	15779
廣雅疏證	王念孫	667	21	7699	16	11441
撫本禮記鄭注考異	張敦仁	1075	30	11419	10	6455
潛邱劄記	閻若璩	25	1	291	19	14695
潛研堂文集	錢大昕	443	14	4999	17	12797
穀梁廢疾申何	劉逢祿	1292	37	14161	13	9543

【 15-16畫 】穀箋論質輪鄭魯學

皇　清　經　解　正　續　編		卷次	復　興　版		漢　京　版	
書　　　　名	作　者	卷次	冊次	頁　碼	冊次	頁　碼
穀梁禮證	侯　康	957	續14	10717	續15	11469
穀梁大義述	柳興恩	989	續15	11011	續15	11489
穀梁補注	鍾文烝	1321	續19	15004	續15	11781
箴膏肓評	劉逢祿	1296	37	14201	13	9087
論語稽求篇	毛奇齡	177	5	1751	14	9615
論語挍勘記	阮　元	1016	29	10885	14	9835
論語補疏	焦　循	1164	32	12361	14	9811
論語述何	劉逢祿	1297	37	14209	14	9925
論語偶記	方觀旭	1327	38	14445	14	9797
論語說義	宋翔鳳	389	續 6	4417	續17	13147
論語魯讀攷	徐養原	525	續 8	6082	續17	13211
論語孔注辨偽	沈　濤	627	續 9	6937	續17	13222
論語古注集箋	潘維城	909	續14	10280	續17	13243
論語正義	劉寶楠	1051	續15	11583	續17	13409
論語鄭義	俞　樾	1360	續20	15441	續17	13665
質疑	杭世駿	309	9	3293	17	12383
輪輿私箋	鄭　珍	932	續14	10469	續10	6621
輪輿圖	鄭知同	934	續14	10508	續10	6660
鄭氏儀禮目錄校證	胡匡衷	190	續 3	2183	續10	6845
鄭氏箋攷徵	陳　奐	814	續13	9453	續19	15487
鄭君駁正三禮考	俞　樾	1358	續20	15415	續 9	6059
魯詩遺說攷	陳喬樅	1118	續16	12512	續 6	4114
學禮質疑	萬斯大	48	3	731	8	4973

皇　清　經　解　正　續　編			復　興　版		漢　京　版	
書　　　名	作　者	卷次	冊次	頁　碼	冊次	頁　碼
學春秋隨筆	萬斯大	50	3	761	12	7983
學禮管釋	夏　炘	966	續14	10802	續 9	5875
燕寢考	胡培翬	1299	37	14223	10	6437
瞥記	梁玉繩	1179	32	12533	20	14721
磬折古義	程瑤田	540	16	6045	15	10451
積古齋鐘鼎彝器欵識	阮　元	1057	29	11243	16	12131
龍城札記	盧文弨	389	11	4013	17	12749
駁春秋名字解詁	胡元玉	1427	續20	16297	續13	9797
鍾山札記	盧文弨	388	11	3999	17	12735
聲律小記	程瑤田	547	17	6135	15	10479
戴東原集	戴　震	565	17	6375	17	12867
隸經文	江　藩	361	續 6	4258	續20	15999
隸經賸義	林兆豐	1425	續20	16263	續20	16029
韓詩遺說攷	陳喬樅	1150	續17	12884	續 7	4487
禮說	惠士奇	214	6	2123	8	5003
禮記注疏考證	齊召南	311	9	3317	4	2695
禮箋	金　榜	554	17	6211	8	5207
禮學卮言	孔廣森	692	22	8195	8	5265
禮經釋例	淩廷堪	784	24	8845	8	5311
禮記挍勘記	阮　元	882	27	10033	10	6507
禮記補疏	焦　循	1156	32	12289	10	6479
禮說	淩　曙	1356	39	14741	9	5559
禮記偶箋	萬斯大	25	續 1	230	續11	8175

【 18-22畫 】 禮魏覽疇寶釋續讀

皇 清 經 解 正 續 編			復 興 版		漢 京 版	
書　　　名	作　者	卷次	冊次	頁　碼	冊次	頁　碼
禮記訓義擇言	江　永	59	續 2	809	續11	8207
禮堂經說	陳喬樅	1178	續17	13323	續20	15747
禮記鄭讀攷	陳喬樅	1180	續17	13354	續11	8409
禮經通論	邵懿辰	1277	續18	14436	續 9	6041
禮記異文箋	俞　樾	1355	續19	15372	續11	8529
禮記鄭讀攷	俞　樾	1356	續19	15391	續11	8511
禮記天算釋	孔廣牧	1413	續20	16084	續11	8549
禮說略	黃以周	1416	續20	16120	續 9	6072
魏石經攷異	馮登府	1403	40	15407	17	12951
覽齋遺稿	劉玉麐	1369	39	14857	19	14367
疇人傳	阮　元	1059	30	11267	5	3621
寶甓齋札記	趙　坦	1316	38	14349	18	13595
寶甓齋文集	趙　坦	1317	38	14365	18	13611
釋繒	任大椿	503	15	5551	9	6181
釋宮小記	程瑤田	535	16	5925	9	5907
釋草小記	程瑤田	552	17	6181	15	10525
釋蟲小記	程瑤田	553	17	6203	15	10547
釋服	宋綿初	225	續 3	2420	續11	8021
釋毛詩音	陳　奐	808	續12	9392	續 8	5165
釋穀	劉寶楠	1075	續16	11839	續18	14729
續詩傳鳥名	毛奇齡	18	續 1	177	續 7	4839
續論語駢枝	俞　樾	1361	續20	15452	續17	13677
讀書脞錄	孫志祖	491	15	5395	18	13107
讀書脞錄續編	孫志祖	493	15	5411	18	13123

皇 清 經 解 正 續 編			復 興 版		漢 京 版	
書　　　　名	作 者	卷 次	冊 次	頁　　碼	冊 次	頁　　碼
讀 書 雜 志	王 念 孫	677	21	8023	20	15407
讀 儀 禮 記	張 惠 言	319	續 5	3890	續 10	6851
讀 書 叢 錄	洪 頤 煊	495	續 8	5844	續 20	16077
讀 儀 禮 錄	曾 國 藩	1050	續 15	11573	續 11	7975
讀 書 偶 識	鄒 漢 勛	1309	續 19	14866	續 20	16289
讀 易 漢 學 私 記	陳 壽 熊	1347	續 19	15298	續 1	637
鑑 止 水 齋 集	許 宗 彥	1255	36	13709	18	13547
觀 象 授 時	秦 蕙 田	288	9	2991	5	3377

書題音序檢字表

【B】			guo´	果	34	**【P】**			wei、	魏	42
bai´	白	29	guo、	過	34	pie	瞥	38	wen、	問	42
bai∨	北	29	gu∨	古	34	pi、	覶	38	wu´	吾	42
bai、	拜	29		穀	34	**【Q】**			wu∨	五	42
bao∨	寶	29	**【H】**			qian´	潛	38	**【X】**		
bian、	弁	29	han´	韓	34	qing、	磬	38	xian	先	42
bo´	駁	29	han、	漢	34	qiu	秋	38	xiang	鄉	42
【C】			he´	何	34	qiu´	求	38	xiao∨	小	42
chao´	朝	29	hun	昏	34	qi´	齊	38	xiao、	孝	43
	巢	29	**【J】**			qun´	羣	38	xia、	夏	43
che	車	29	ji	積	34	**【R】**			xue´	學	43
chou´	疇	29	jian、	鑑	34	ri、	日	39	xu、	續	43
chun	春	29	jiao	郊	34	**【S】**			**【Y】**		
【D】			jiao、	校	34	san	三	39	yan´	掔	43
dai、	戴	31	jie∨	解	34	sang	喪	39		研	43
da´	達	32	jin	今	34	shang、	尚	39	yan、	燕	43
da、	大	32	jing	經	34	shen	深	40	yin	音	43
di、	禘	32	jiu∨	九	35	sheng	聲	40	yi´	儀	43
dong	東	32	**【K】**			shi	詩	40	yi、	易	44
du´	讀	32	kai	開	35	shi´	十	41		逸	44
【E】			kao∨	考	35		實	41	yu´	虞	45
er∨	爾	32		攷	35	shi、	釋	41	yu∨	禹	45
【F】			**【L】**				士	41	yu、	玉	45
fa	發	33	liu´	劉	35	shu	書	41	**【Z】**		
fu∨	撫	33	liu、	六	36	shui∨	水	41	zeng	曾	45
【G】			li∨	禮	36	shuo	說	41	zhan、	湛	45
gai、	溉	33	li、	隸	36	shu∨	蜀	41	zhen	箴	45
gao∨	杲	33	long´	龍	36	shu、	述	41	zheng、	鄭	45
gong	公	33	lun´	論	36	si、	四	42	zhi´	質	45
gou	溝	33		輪	37	**【T】**			zhong	鍾	45
guan	觀	33	lu∨	魯	37	tang´	唐	42	zhong、	仲	45
guang∨	廣	33	**【M】**			tian	天	42	zhou	周	46
gua、	卦	33	mao´	毛	37	**【W】**			zong	宗	47
gui∨	癸	33	meng、	孟	38	wan´	頑	42	zuo∨	左	47
guo´	國	33	ming´	明	38	wan∨	晚	42			

白北拜寶弁駁朝巢車疇春 　【 bai´ - chun 】

皇　清　經　解　正　續　編				復　興　版		漢　京　版	
書　　　名	作　者	卷次	冊次	頁　碼	冊次	頁　碼
白田草堂存稿	王懋竑	243	7	2545	18	13073
白鷺洲主客說詩	毛奇齡	21	續 1	196	續 7	4859
白虎通疏證	陳　立	1265	續18	14235	續 9	6129
北宋石經攷異	馮登府	1406	40	15444	17	12988
拜經日記	臧　庸	1170	32	12421	18	13181
拜經文集	臧　庸	1178	32	12509	18	13269
寶甓齋札記	趙　坦	1316	38	14349	18	13595
寶甓齋文集	趙　坦	1317	38	14365	18	13611
弁服釋例	任大椿	495	15	5425	9	6055
駁春秋名字解詁	胡元玉	1427	續20	16297	續13	9797
朝廟宮室考	任敬運	136	續 3	1775	續10	6517
巢經巢經說	鄭　珍	943	續14	10582	續20	15683
車制攷	錢　坫	216	續 3	2358	續10	6607
疇人傳	阮　元	1059	30	11267	5	3621
春秋毛氏傳	毛奇齡	120	4	1327	12	7669
春秋簡書刊誤	毛奇齡	156	5	1597	12	7937
春秋屬辭比事記	毛奇齡	158	5	1615	12	7955
春秋說	惠士奇	228	7	2313	12	8059
春秋地理考實	江　永	252	7	2619	12	8291
春秋公羊傳注疏考證	齊召南	314	9	3355	4	2733
春秋穀梁傳注疏考證	齊召南	315	9	3371	4	2749
春秋左傳小疏	沈　彤	328	10	3477	12	8605

【 chun 】 春

皇　清　經　解　正　續　編			復　興　版		漢　京　版	
書　　　　　名	作　者	卷次	冊次	頁　碼	冊次	頁　碼
春秋左傳補註	惠　棟	353	10	3731	13	8615
春秋正辭	莊存與	375	11	3895	12	8345
春秋公羊通義	孔廣森	679	22	8045	13	9145
春秋公羊經傳通義敘	孔廣森	691	22	8190	13	9290
春秋左氏傳挍勘記	阮　元	949	28	10397	13	8729
春秋公羊傳挍勘記	阮　元	991	28	10737	13	9295
春秋穀梁傳挍勘記	阮　元	1003	29	10833	13	9563
春秋左傳補疏	焦　循	1159	32	12319	13	8687
春秋左傳補注	馬宗璉	1277	37	13975	13	9095
春秋公羊經何氏釋例	劉逢祿	1280	37	14025	13	9425
春秋異文箋	趙　坦	1303	37	14249	12	8471
春秋稗疏	王夫之	10	續 1	107	續13	9501
春秋占筮書	毛奇齡	15	續 1	159	續 1	21
春秋長歷	陳厚耀	47	續 1	642	續13	9527
春秋大事表	顧棟高	67	續 2	873	續12	8629
春秋大事表輿圖	顧棟高	133	續 3	1703	續12	9460
春秋左傳詁	洪亮吉	250	續 4	2823	續13	9915
春秋左傳異文釋	李富孫	561	續 9	6443	續14	10737

皇 清 經 解 正 續 編			復 興 版		漢 京 版	
書　　　名	作　者	卷次	冊次	頁　碼	冊次	頁　碼
春秋公羊傳異文釋	李富孫	571	續 9	6568	續15	12053
春秋穀梁傳異文釋	李富孫	572	續 9	6576	續15	11435
春秋左氏古義	臧壽恭	579	續 9	6606	續14	10863
春秋左氏傳補注	沈欽韓	585	續 9	6657	續14	10915
春秋左氏傳地名補注	沈欽韓	597	續 9	6778	續14	11037
春秋穀梁傳時月日書法釋例	許桂林	659	續10	7166	續15	11441
春秋朔閏異同	羅士琳	755	續12	8738	續13	9681
春秋左傳賈服注輯述	李貽德	757	續12	8790	續15	11201
春秋繁露注	淩　曙	865	續13	9938	續13	9811
春秋公羊傳曆譜	包慎言	898	續14	10213	續16	12187
春秋決事比	龔自珍	931	續14	10462	續13	9741
春秋古經說	侯　康	955	續14	10702	續13	9749
春秋釋	黃式三	1019	續15	11303	續13	9765
春秋名字解詁補義	俞　樾	1359	續20	15427	續13	9775
春秋日南至譜	成蓉鏡	1411	續20	16069	續13	9790
春秋左傳注疏考證	齊召南	312	9	3329	4	2707
戴東原集	戴　震	565	17	6375	17	12867

皇　清　經　解　正　續　編			復　興　版		漢　京　版	
書　　　　名	作　者	卷次	冊次	頁　碼	冊次	頁　碼
達齋叢說	俞　樾	1350	續19	15342	續20	16409
大戴禮記補注	孔廣森	698	22	8241	10	6899
大戴禮記正誤	汪　中	802	24	9143	10	6871
大小宗通繹	毛奇齡	23	續 1	214	續 9	6331
大學古義說	宋翔鳳	387	續 6	4397	續11	8271
大戴禮注補	汪　昭	821	續13	9520	續11	8291
大誓荅問	龔自珍	930	續14	10455	續 3	1995
禘說	惠　棟	155	續 3	1943	續11	7997
禘祫問答	胡培翬	738	續11	8495	續11	8011
東塾讀書記	陳　澧	945	續14	10611	續20	16197
讀書脞錄	孫志祖	491	15	5395	18	13107
讀書脞錄續編	孫志祖	493	15	5411	18	13123
讀書雜志	王念孫	677	21	8023	20	15407
讀儀禮記	張惠言	319	續 5	3890	續10	6851
讀書叢錄	洪頤煊	495	續 8	5844	續20	16077
讀儀禮錄	曾國藩	1050	續15	11573	續11	7975
讀書偶識	鄒漢勛	1309	續19	14866	續20	16289
讀易漢學私記	陳壽熊	1347	續19	15298	續 1	637
爾雅正義	邵晉涵	504	15	5573	16	11225
爾雅挍勘記	阮　元	1031	29	11005	16	11993
爾雅義疏	郝懿行	1257	36	13747	16	11765
爾雅補郭	翟　灝	188	續 3	2165	續18	13889
爾雅古義	錢　坫	213	續 3	2329	續18	13907
爾雅釋地四篇注	錢　坫	215	續 3	2341	續18	13919

皇　清　經　解　正　續　編			復　興　版		漢　京　版	
書　　　　　名	作　　者	卷次	冊次	頁　　碼	冊次	頁　　碼
爾雅匡名	嚴元照	496	續 8	5848	續18	14035
爾雅經注集證	龍啟瑞	1186	續17	13454	續18	14783
發墨守評	劉逢祿	1291	37	14159	18	13585
撫本禮記鄭注考異	張敦仁	1075	30	11419	10	6455
溉亭述古錄	錢　塘	717	22	8379	20	15429
杲溪詩經補注	戴　震	561	17	6301	6	3931
公羊春秋何氏解詁箋	劉逢祿	1290	37	14141	13	9407
公羊禮說	凌　曙	1355	39	14725	13	9391
公羊逸禮攷徵	陳　奐	815	續13	9467	續15	12063
公羊禮疏	凌　曙	852	續13	9830	續15	12075
公羊問答	凌　曙	863	續13	9922	續15	12169
公羊義疏	陳　立	1189	續18	13467	續16	12255
溝洫疆理小記	程瑤田	541	16	6061	9	6027
觀象授時	秦蕙田	288	9	2991	5	3377
廣雅疏證	王念孫	667	21	7699	16	11441
卦氣解	莊存與	160	續 3	1993	續 1	674
卦本圖攷	胡秉虔	353	續 6	4107	續 1	651
癸巳類稿	俞正燮	834	續13	9636	續20	16083
癸巳存稿	俞正燮	840	續13	9708	續20	16157
國朝石經攷異	馮登府	1401	40	15357	17	12901
國語補校	劉台拱	208	續 3	2295	續16	13023
國語發正	汪遠孫	629	續 9	6958	續16	13029

【 guo‿ - jing 】果過古穀韓漢何昏積鑑郊校解今經

皇　清　經　解　正　續　編			復　興　版		漢　京　版	
書　　　　　名	作　　者	卷次	冊次	頁　碼	冊次	頁　碼
果堂集	沈　彤	329	10	3487	18	13091
過庭錄	宋翔鳳	411	續 6	4581	續20	16041
古文尚書考	惠　棟	351	10	3707	5	3061
古文尚書撰異	段玉裁	567	17	6409	5	3085
古書疑義舉例	俞　樾	1397	續20	15940	續20	15939
穀梁廢疾申何	劉逢祿	1292	37	14161	13	9543
穀梁禮證	侯　康	957	續14	10717	續15	11469
穀梁大義述	柳興恩	989	續15	11011	續15	11489
穀梁補注	鍾文烝	1321	續19	15004	續15	11781
韓詩遺說攷	陳喬樅	1150	續17	12884	續 7	4487
漢石經攷異	馮登府	1402	40	15388	17	12932
漢孳室文鈔	陶方琦	1421	續20	16216	續20	16417
何休注訓論語述	劉恭冕	1412	續20	16077	續17	13685
昏禮重別論對駁義	劉壽曾	1423	續20	16238	續11	8119
積古齋鐘鼎彝器欵識	阮　元	1057	29	11243	16	12131
鑑止水齋集	許宗彥	1255	36	13709	18	13547
郊社禘祫問	毛奇齡	22	續 1	204	續11	7985
校禮堂文集	淩廷堪	797	24	9079	8	5545
解春集	馮　景	205	6	2021	12	8031
解字小記	程瑤田	546	17	6131	15	10475
今文尚書經說攷	陳喬樅	1079	續16	11892	續 2	1273
經問	毛奇齡	162	5	1643	17	12191

皇　清　經　解　正　續　編			復　興　版		漢　京　版	
書　　　　名	作　　者	卷次	冊次	頁　碼	冊次	頁　碼
經義雜記	臧　琳	195	5	1843	19	14471
經史問答	全祖望	302	9	3235	18	13293
經韻樓集	段玉裁	661	20	7619	20	15327
經學卮言	孔廣森	711	22	8325	20	15273
經讀考異	武　億	727	23	8477	19	14649
經義知新記	汪　中	801	24	9127	18	13137
經義述聞	王引之	1180	33	12547	18	13617
經傳釋詞	王引之	1208	34	13165	19	14235
經書算學天文攷	陳懋齡	1328	38	14459	20	15251
經傳攷證	朱　彬	1361	39	14807	20	15201
經義叢鈔	嚴　杰	1371	39	14891	20	14735
經傳小記	劉台拱	207	續 3	2280	續19	15471
經說略	黃以周	1419	續20	16176	續20	15799
經述	林頤山	1428	續20	16311	續20	15839
九經古義	惠　棟	359	11	3803	19	14379
九穀考	程瑤田	548	17	6137	15	10481
九經誤字	顧炎武	1	續 1	16	續19	15397
九族考	俞　樾	1352	續19	15352	續10	6729
開有益齋經說	朱緒曾	984	續14	10967	續20	15703
考工創物小記	程瑤田	536	16	5939	9	5921
考工記圖	戴　震	563	17	6317	9	5849
考工記車制圖解	阮　元	1055	29	11221	10	6407
攷工記攷辨	王宗涑	1020	續15	11313	續10	6665
劉氏遺書	劉台拱	798	24	9093	20	15459

皇　清　經　解　正　續　編			復　興　版		漢　京　版	
書　　　名	作　者	卷次	冊次	頁　碼	冊次	頁　碼
劉貴陽經說	劉書年	1320	續19	14985	續20	15779
六書音均表	段玉裁	656	20	7563	16	11169
禮說	惠士奇	214	6	2123	8	5003
禮記注疏考證	齊召南	311	9	3317	4	2695
禮箋	金榜	554	17	6211	8	5207
禮學卮言	孔廣森	692	22	8195	8	5265
禮經釋例	凌廷堪	784	24	8845	8	5311
禮記挍勘記	阮元	882	27	10033	10	6507
禮記補疏	焦循	1156	32	12289	10	6479
禮說	凌曙	1356	39	14741	9	5559
禮記偶箋	萬斯大	25	續 1	230	續11	8175
禮記訓義擇言	江永	59	續 2	809	續11	8207
禮堂經說	陳喬樅	1178	續17	13323	續20	15747
禮記鄭讀攷	陳喬樅	1180	續17	13354	續11	8409
禮經通論	邵懿辰	1277	續18	14436	續 9	6041
禮記異文箋	俞樾	1355	續19	15372	續11	8529
禮記鄭讀攷	俞樾	1356	續19	15391	續11	8511
禮記天算釋	孔廣牧	1413	續20	16084	續11	8549
禮說略	黃以周	1416	續20	16120	續 9	6072
隸經文	江藩	361	續 6	4258	續20	15999
隸經賸義	林兆豐	1425	續20	16263	續20	16029
龍城札記	盧文弨	389	11	4013	17	12749
論語稽求篇	毛奇齡	177	5	1751	14	9615
論語挍勘記	阮元	1016	29	10885	14	9835

| 皇 清 經 解 正 續 編 | | | 復 興 版 | | 漢 京 版 | |
書　　　　名	作　者	卷次	冊次	頁　碼	冊次	頁　碼
論語補疏	焦　循	1164	32	12361	14	9811
論語述何	劉逢祿	1297	37	14209	14	9925
論語偶記	方觀旭	1327	38	14445	14	9797
論語說義	宋翔鳳	389	續 6	4417	續17	13147
論語魯讀攷	徐養原	525	續 8	6082	續17	13211
論語孔注辨偽	沈　濤	627	續 9	6937	續17	13222
論語古注集箋	潘維城	909	續14	10280	續17	13243
論語正義	劉寶楠	1051	續15	11583	續17	13409
論語鄭義	俞　樾	1360	續20	15441	續17	13665
輪輿私箋	鄭　珍	932	續14	10469	續10	6621
輪輿圖	鄭知同	934	續14	10508	續10	6660
魯詩遺說攷	陳喬樅	1118	續16	12512	續 64	4114
毛詩稽古編	陳啟源	60	3	809	7	4369
毛鄭詩考正	戴　震	557	17	6267	6	3897
毛詩故訓傳	段玉裁	600	18	6701	6	3947
毛詩挍勘記	阮　元	840	25	9391	7	4755
毛詩補疏	焦　循	1151	32	12245	6	4097
毛詩紬義	李黼平	1331	38	14499	6	4143
毛詩攷證	莊述祖	231	續 4	2534	續 8	5239
毛詩周頌口義	莊述祖	235	續 4	2557	續 7	4921
毛詩傳箋通釋	馬瑞辰	416	續 6	4616	續 4	2305
毛詩後箋	胡承珙	448	續 7	5096	續 4	2784

皇 清 經 解 正 續 編			復 興 版		漢 京 版	
書 名	作 者	卷次	冊次	頁 碼	冊次	頁 碼
毛詩說	陳 奐	812	續12	9418	續 6	3832
毛詩傳義類十九篇	陳 奐	813	續12	9433	續 6	3813
毛詩鄭箋改字說	陳喬樅	1167	續17	13085	續 8	5623
毛詩譜	胡元儀	1426	續20	16274	續 8	5191
孟子生卒年月考	閻若璩	24	1	285	14	9987
孟子校勘記	阮 元	1039	29	11143	14	10363
孟子正義	焦 循	1117	31	11839	14	9993
孟子四攷	周廣業	227	續 4	2463	續17	13721
孟子趙注補正	宋翔鳳	399	續 6	4481	續17	13793
孟子音義攷證	蔣仁榮	1348	續19	15312	續17	13857
明堂大道錄	惠 棟	147	續 3	1869	續10	6533
瞥記	梁玉繩	1179	32	12533	20	14721
覽齋遺稿	劉玉麐	1369	39	14857	19	14367
潛邱劄記	閻若璩	25	1	291	19	14695
潛研堂文集	錢大昕	443	14	4999	17	12797
磬折古義	程瑤田	540	16	6045	15	10451
秋槎雜記	劉履恂	1322	38	14401	19	14323
求古錄禮說	金 鶚	663	續10	7193	續 9	5653
求古錄禮說補遺	金 鶚	678	續10	7403	續 9	5863
齊詩翼氏學	迮鶴壽	848	續13	9809	續 7	4689
齊詩遺說攷	陳喬樅	1138	續17	12747	續 6	4349
齊詩翼氏學疏證	陳喬樅	1176	續17	13297	續 7	4711
霯經補義	江 永	256	8	2673	17	12323

皇　清　經　解　正　續　編			復　興　版		漢　京　版	
書　　　　名	作　者	卷次	冊次	頁　碼	冊次	頁　碼
彝經識小	李　惇	719	23	8409	18	13005
彝經義證	武　億	217	續 3	2371	續19	14797
彝經宮室圖	焦　循	359	續 6	4194	續19	14847
彝經平議	俞　樾	1362	續20	15458	續19	14913
日知錄	顧炎武	18	1	149	17	12155
三家詩異文疏證	馮登府	1407	40	15461	7	4701
三家詩異文疏證補遺	馮登府	1408	40	15495	7	4735
喪禮經傳約	吳卓信	777	續12	9023	續11	8065
喪服會通說	吳家賓	1046	續15	11537	續11	8071
尚書地理今釋	蔣廷錫	207	6	2049	3	1693
尚書注疏考證	齊召南	310	9	3309	4	2687
尚書小疏	沈　彤	319	10	3415	3	1713
尚書集注音疏	江　聲	390	11	4021	3	1813
尚書後案	王鳴盛	404	12	4299	4	2091
尚書釋天	盛百二	485	14	5305	5	2971
尚書今古文注疏	孫星衍	735	23	8523	4	2761
尚書挍勘記	阮　元	818	25	9277	5	3685
尚書補疏	焦　循	1149	32	12227	3	1721
尚書札記	許鴻磐	1409	40	15517	3	1741
尚書古文疏證	閻若璩	28	續 1	261	續 2	687
尚書今古文集解	劉逢祿	322	續 6	3935	續 2	945
尚書大傳輯校	陳壽祺	354	續 6	4113	續 2	1145
尚書略說	宋翔鳳	384	續 6	4370	續 2	1185

皇　清　經　解　正　續　編			復　興　版		漢　京　版	
書　　　　名	作　者	卷次	冊次	頁　　碼	冊次	頁　　碼
尚書譜	宋翔鳳	386	續 6	4386	續 2	1239
尚書餘論	丁　晏	844	續13	9747	續 2	1201
尚書歐陽夏侯遺說攷	陳喬樅	1117	續16	12494	續 3	1876
尚書舊疏考正	劉毓崧	1346	續19	15282	續 2	1223
尚書麻譜	成蓉鏡	1406	續20	16010	續 2	1251
深衣考誤	江　永	251	7	2611	10	6429
深衣釋例	任大椿	191	續 3	2189	續11	8563
聲律小記	程瑤田	547	17	6135	15	10479
詩本音	顧炎武	8	1	75	6	3799
詩說	惠周惕	190	5	1809	6	3873
詩說附錄	惠周惕	193	5	1829	6	3893
詩經小學	段玉裁	630	18	6811	6	4057
詩經稗疏	王夫之	6	續 1	39	續 4	2237
詩聲類	孔廣森	194	續 3	2227	續 7	4867
詩聲分例	孔廣森	206	續 3	2265	續 7	4905
詩書古訓	阮　元	240	續 4	2627	續 7	4969
詩經異文釋	李富孫	545	續 9	6265	續 8	5263
詩毛氏傳疏	陳　奐	778	續12	9029	續 5	3449
詩譜攷正	丁　晏	846	續13	9774	續 8	5215
詩地理徵	朱右曾	1039	續15	11448	續 7	4737
詩經四家異文攷	陳喬樅	1171	續17	13115	續 8	5441
詩古微	魏　源	1292	續19	14598	續 6	3846
詩名物證古	俞　樾	1353	續19	15356	續 7	4827

皇　清　經　解　正　續　編			復　興　版		漢　京　版	
書　　　　名	作　者	卷次	冊次	頁　　碼	冊次	頁　　碼
十駕齋養新錄	錢大昕	439	14	4959	17	12757
十駕齋養新餘錄	錢大昕	442	14	4996	17	12794
十三經詁答問	馮登府	741	續11	8587	續19	15401
實事求是齋經義	朱大韶	739	續11	8504	續19	15599
釋繒	任大椿	503	15	5551	9	6181
釋宮小記	程瑤田	535	16	5925	9	5907
釋草小記	程瑤田	552	17	6181	15	10525
釋蟲小記	程瑤田	553	17	6203	15	10547
釋服	宋綿初	225	續 3	2420	續11	8021
釋毛詩音	陳奐	808	續12	9392	續 8	5165
釋穀	劉寶楠	1075	續16	11839	續18	14729
士昏禮對席圖	俞樾	1354	續19	15367	續11	8107
書序述聞	劉逢祿	321	續 5	3907	續 2	1117
書古微	魏源	1280	續19	14471	續 3	2109
水地小記	程瑤田	545	16	6123	15	10467
說文解字注	段玉裁	641	19	6949	15	10555
說緯	王崧	1370	39	14869	12	8449
說文聲類	嚴可均	365	續 6	4287	續18	13937
說文聲類出入表	嚴可均	381	續 6	4345	續18	13995
說文諧聲譜	張成孫	650	續10	7075	續18	14185
說文解字音均表	江沅	680	續10	7423	續18	14277
說文聲讀表	苗夔	959	續14	10736	續18	14661
蜀石經攷異	馮登府	1405	40	15431	17	12975
述學	汪中	799	24	9099	18	13153

皇　清　經　解　正　續　編			復　興　版		漢　京　版	
書　　　名	作　者	卷次	冊次	頁　碼	冊次	頁　碼
四書釋地	閻若璩	20	1	185	17	12399
四書釋地續	閻若璩	21	1	200	17	12414
四書釋地又續	閻若璩	22	1	219	17	12433
四書釋地三續	閻若璩	23	1	259	17	12473
四書賸言	毛奇齡	184	5	1785	17	12299
四書賸言補	毛奇齡	188	5	1801	17	12315
四書考異	翟　灝	449	14	5069	17	12499
四書釋地辨證	宋翔鳳	1329	38	14481	20	15481
四書稗疏	王夫之	12	續 1	132	續20	15873
唐石經攷異	馮登府	1404	40	15415	17	12959
天子肆獻祼饋食禮纂	任啟運	134	續 3	1744	續11	8143
頑石盧經說	徐養原	526	續 8	6091	續19	15501
晚書訂疑	程廷祚	157	續 3	1956	續20	15901
魏石經攷異	馮登府	1403	40	15407	17	12951
問字堂集	孫星衍	774	23	8733	20	15465
吾亦盧稿	崔應榴	1323	38	14415	19	14337
五經異義疏證	陳壽祺	1248	35	13513	18	13403
五經小學述	莊述祖	238	續 4	2605	續19	15449
先聖生卒年月日考	孔廣牧	1414	續20	16097	續20	16441
鄉黨圖考	江　永	261	8	2711	14	9649
鄉黨正義	金　鶚	679	續10	7415	續17	13693
小爾雅訓纂	宋翔鳳	405	續 6	4544	續18	13997

皇清經解正續編			復興版		漢京版	
書　　　　名	作　者	卷次	冊次	頁碼	冊次	頁碼
孝經挍勘記	阮　元	1027	29	10975	14	9957
孝經義疏	阮　福	1360	39	14789	14	9939
孝經問	毛奇齡	24	續 1	223	續17	13701
孝經徵文	丁　晏	847	續13	9797	續17	13709
夏小正疏義	洪震煊	1318	38	14371	9	6203
夏小正分箋	黃　模	573	續 9	6580	續11	8601
夏小正異義	黃　模	577	續 9	6597	續11	8619
學禮質疑	萬斯大	48	3	731	8	4973
學春秋隨筆	萬斯大	50	3	761	12	7983
學禮管釋	夏　炘	966	續14	10802	續 9	5875
續詩傳鳥名	毛奇齡	18	續 1	177	續 7	4839
續論語駢枝	俞　樾	1361	續20	15452	續17	13677
犖經室集	阮　元	1068	30	11331	20	15499
研六室雜著	胡培翬	1302	37	14241	18	13587
燕寢考	胡培翬	1399	37	14223	10	6437
音論	顧炎武	4	1	49	15	10441
儀禮章句	吳廷華	271	8	2859	11	7015
儀禮小疏	沈　彤	320	10	3423	11	7147
儀禮喪服文足徵記	程瑤田	525	16	5805	11	7297
儀禮漢讀考	段玉裁	640	18	6943	9	5747
儀禮釋官	胡匡衷	775	23	8749	11	7201
儀禮挍勘記	阮　元	864	26	9783	11	7417
儀禮釋宮增註	江　永	57	續 2	795	續10	6739

皇　清　經　解　正　續　編			復　興　版		漢　京　版	
書　　　名	作　者	卷次	冊次	頁　碼	冊次	頁　碼
儀禮釋例	江　永	58	續 2	805	續10	6735
儀禮管見	褚寅亮	171	續 3	2070	續10	6749
儀禮圖	張惠言	313	續 5	3768	續10	6869
儀禮古今文疏義	胡承珙	478	續 8	5761	續10	6993
儀禮古今文異同疏證	徐養原	520	續 8	6036	續10	7077
儀禮學	王聘珍	538	續 8	6203	續10	7125
儀禮經注疏正譌	金曰追	609	續 9	6842	續10	7133
儀禮正義	胡培翬	698	續11	7807	續10	7217
儀禮私箋	鄭　珍	935	續14	10513	續11	7905
易音	顧炎武	5	1	59	1	1
易說	惠士奇	208	6	2069	1	203
易章句	焦　循	1077	30	11443	2	757
易通釋	焦　循	1089	30	11513	2	843
易圖略	焦　循	1109	31	11781	2	1095
易義別錄	張惠言	1234	35	13441	2	649
易圖明辨	胡　渭	37	續 1	519	續 1	119
易例	惠　棟	137	續 3	1790	續 1	39
易漢學	惠　棟	139	續 3	1821	續 1	71
易圖條辨	張惠言	307	續 5	3690	續 1	242
易經異文釋	李富孫	539	續 8	6210	續 1	582
逸周書雜志	王念孫	209	續 3	2300	續 3	1894
逸周書集訓校釋	朱右曾	1028	續15	11380	續 3	1923
逸周書逸文	朱右曾	1038	續15	11443	續 3	1990

皇　清　經　解　正　續　編			復　興　版		漢　京　版	
書　　　　　名	作　者	卷次	冊次	頁　碼	冊次	頁　碼
虞氏易禮	張惠言	1229	35	13389	1	597
虞氏易事	張惠言	308	續 5	3708	續 1	260
虞氏易言	張惠言	310	續 5	3732	續 1	284
虞氏易候	張惠言	312	續 5	3759	續 1	311
虞氏易消息圖說	胡祥麟	929	續14	10445	續 1	657
禹貢錐指	胡　渭	27	2	317	3	1245
禹貢三江考	程瑤田	542	16	6089	3	1659
禹貢鄭注釋	焦　循	357	續 6	4153	續 3	2002
禹貢錐指正誤	丁　晏	845	續13	9769	續 3	2043
禹貢圖	陳　澧	944	續14	10601	續 3	2048
禹貢鄭氏略例	何秋濤	1279	續18	14458	續 5	2058
禹貢說	倪文蔚	1404	續20	15998	續 3	2070
禹貢班義述	成蓉鏡	1408	續20	16032	續 3	2073
玉佩考	俞　樾	1357	續19	15409	續11	8113
曾子注釋	阮　元	803	24	9171	11	6983
湛園札記	姜宸英	194	5	1833	17	12373
箋膏肓評	劉逢祿	1396	37	14201	13	9087
鄭氏儀禮目錄校證	胡匡衷	190	續 3	2183	續10	6845
鄭氏箋攷徵	陳　奐	814	續13	9453	續19	15487
鄭君駁正三禮考	俞　樾	1358	續20	15415	續 9	6059
質疑	杭世駿	309	9	3293	17	12383
鍾山札記	盧文弨	388	11	3999	17	12735
仲氏易	毛奇齡	90	4	1141	1	17

【 zhou 】周

皇　清　經　解　正　續　編			復　興　版		漢　京　版	
書　　　名	作　者	卷次	冊次	頁　碼	冊次	頁　碼
周禮疑義舉要	江　永	244	7	2563	9	5607
周官祿田考	沈　彤	316	10	3383	9	5817
周易述	惠　棟	330	10	3503	1	257
周禮軍賦說	王鳴盛	435	13	4895	9	5753
周禮漢讀考	段玉裁	634	18	6851	9	5655
周易挍勘記	阮　元	807	25	9203	2	1171
周禮挍勘記	阮　元	850	26	9609	10	6233
周易補疏	焦　循	1147	32	12209	2	1153
周易述補	江　藩	1166	32	12385	2	723
周易虞氏義	張惠言	1218	35	13253	1	461
周易虞氏消息	張惠言	1227	35	13359	1	567
周易鄭氏義	張惠言	1231	35	13413	1	621
周易荀氏九家義	張惠言	1233	35	13435	1	643
周易稗疏	王夫之	2	續 1	19	續 1	1
周官記	莊存與	161	續 3	1997	續 10	6385
周官說	莊存與	166	續 3	2027	續 9	6341
周官說補	莊存與	168	續 3	2040	續 9	6354
周易述補	李林松	302	續 5	3644	續 5	320
周易攷異	宋翔鳳	382	續 6	4346	續 1	366
周官故書攷	徐養原	516	續 8	5996	續 10	6415
周禮學	王聘珍	536	續 8	6188	續 10	6457
周易虞氏略例	李　銳	626	續 9	6924	續 1	390
周禮注疏小箋	曾　釗	816	續 13	9478	續 10	6473
周易姚氏學	姚配中	882	續 13	10041	續 1	403

皇 清 經 解 正 續 編			復 興 版		漢 京 版	
書　　　名	作　者	卷次	冊 次	頁　　碼	冊 次	頁　　碼
周易爻辰申鄭義	何秋濤	1278	續18	14454	續 1	667
周易舊疏考正	劉毓崧	1345	續19	15274	續 1	574
周易互體徵	俞　樾	1351	續19	15349	續 1	671
周易釋爻例	成蓉鏡	1405	續20	16001	續 1	678
宗法小記	程瑤田	524	16	5789	8	5193
左傳杜解補正	顧炎武	1	1	15	12	8571
左海經辨	陳壽祺	1251	36	13623	18	13351
左海文集	陳壽祺	1253	36	13675	18	13513
左氏春秋考證	劉逢祿	1294	37	14183	13	9069
左通補釋	梁履繩	270	續 5	3183	續14	10275
左傳舊疏考正	劉文淇	747	續12	8635	續14	11103

諸 經 分 類 表

《易》

皇　清　經　解　正　續　編			復　興　版		漢　京　版	
書　　　　名	作　者	卷次	冊次	頁　碼	冊次	頁　碼
易音	顧炎武	5	1	59	1	1
仲氏易	毛奇齡	90	4	1141	1	17
易說	惠士奇	208	6	2069	1	203
周易述	惠　棟	330	10	3503	1	257
周易挍勘記	阮　元	807	25	9203	2	1171
易章句	焦　循	1077	30	11443	2	757
易通釋	焦　循	1089	30	11513	2	843
易圖略	焦　循	1109	31	11781	2	1095
周易補疏	焦　循	1147	32	12209	2	1153
周易述補	江　藩	1166	32	12385	2	723
周易虞氏義	張惠言	1218	35	13253	1	461
周易虞氏消息	張惠言	1227	35	13359	1	567
虞氏易禮	張惠言	1229	35	13389	1	597
周易鄭氏義	張惠言	1231	35	13413	1	621
周易荀氏九家義	張惠言	1233	35	13435	1	643
易義別錄	張惠言	1234	35	13441	2	649
周易稗疏	王夫之	2	續 1	19	續 1	1
春秋占筮書	毛奇齡	15	續 1	159	續 1	21
易圖明辨	胡　渭	37	續 1	519	續 1	119
易例	惠　棟	137	續 3	1790	續 1	39
易漢學	惠　棟	139	續 3	1821	續 1	71
卦氣解	莊存與	160	續 3	1993	續 1	674
周易述補	李林松	302	續 5	3644	續 5	320
易圖條辨	張惠言	307	續 5	3690	續 1	242

《 易 》

皇　清　經　解　正　續　編			復　興　版		漢　京　版	
書　　　　　名	作　者	卷次	冊次	頁　碼	冊次	頁　碼
虞氏易事	張惠言	308	續 5	3708	續 1	260
虞氏易言	張惠言	310	續 5	3732	續 1	284
虞氏易候	張惠言	312	續 5	3759	續 1	311
卦本圖攷	胡秉虔	353	續 6	4107	續 1	651
周易攷異	宋翔鳳	382	續 6	4346	續 1	366
易經異文釋	李富孫	539	續 8	6210	續 1	582
周易虞氏略例	李　銳	626	續 9	6924	續 1	390
周易姚氏學	姚配中	882	續13	10041	續 1	403
虞氏易消息圖說	胡祥麟	929	續14	10445	續 1	657
周易爻辰申鄭義	何秋濤	1278	續18	14454	續 1	667
周易舊疏考正	劉毓崧	1345	續19	15274	續 1	574
讀易漢學私記	陳壽熊	1347	續19	15298	續 1	637
周易互體徵	俞　樾	1351	續19	15349	續 1	671
周易釋爻例	成蓉鏡	1405	續20	16001	續 1	678

《 書 》

書　　　　名	作　　者	卷次	復興版 冊次	復興版 頁　碼	漢京版 冊次	漢京版 頁　碼
禹貢錐指	胡　渭	27	2	317	3	1245
尚書地理今釋	蔣廷錫	207	6	2049	3	1693
觀象授時	秦蕙田	288	9	2991	5	3377
尚書注疏考證	齊召南	310	9	3309	4	2687
尚書小疏	沈　彤	319	10	3415	3	1713
古文尚書考	惠　棟	351	10	3707	5	3061
尚書集注音疏	江　聲	390	11	4021	3	1813
尚書後案	王鳴盛	404	12	4299	4	2091
尚書釋天	盛百二	485	14	5305	5	2971
禹貢三江考	程瑤田	542	16	6089	3	1659
古文尚書撰異	段玉裁	567	17	6409	5	3085
尚書今古文注疏	孫星衍	735	23	8523	4	2761
尚書挍勘記	阮　元	818	25	9277	5	3685
疇人傳	阮　元	1059	30	11267	5	3621
尚書補疏	焦　循	1149	32	12227	3	1721
尚書札記	許鴻磐	1409	40	15517	3	1741
尚書古文疏證	閻若璩	28	續 1	261	續 2	687
逸周書雜志	王念孫	209	續 3	2300	續 3	1894
書序述聞	劉逢祿	321	續 5	3907	續 2	1117
尚書今古文集解	劉逢祿	322	續 6	3935	續 2	945
尚書大傳輯校	陳壽祺	354	續 6	4113	續 2	1145
尚書略說	宋翔鳳	384	續 6	4370	續 2	1185
尚書譜	宋翔鳳	386	續 6	4386	續 2	1239
禹貢鄭注釋	焦　循	357	續 6	4153	續 3	2002

《書》

皇　清　經　解　正　續　編			復　興　版		漢　京　版	
書　　　　　名	作　者	卷次	冊次	頁　碼	冊次	頁　碼
尚書餘論	丁　晏	844	續13	9747	續2	1201
禹貢錐指正誤	丁　晏	845	續13	9769	續3	2043
大誓荅問	龔自珍	930	續14	10455	續3	1995
禹貢圖	陳　澧	944	續14	10601	續3	2048
逸周書集訓校釋	朱右曾	1028	續15	11380	續3	1923
逸周書逸文	朱右曾	1038	續15	11443	續3	1990
今文尚書經說攷	陳喬樅	1079	續16	11892	續2	1273
尚書歐陽夏侯遺說攷	陳喬樅	1117	續16	12494	續3	1876
禹貢鄭氏略例	何秋濤	1279	續18	14458	續5	2058
書古微	魏　源	1280	續19	14471	續3	2109
尚書舊疏考正	劉毓崧	1346	續19	15282	續2	1223
禹貢說	倪文蔚	1404	續20	15998	續3	2070
尚書麻譜	成蓉鏡	1406	續20	16010	續2	1251
禹貢班義述	成蓉鏡	1408	續20	16032	續3	2073

《 詩 》

| 皇 清 經 解 正 續 編 | | | 復 興 版 | | 漢 京 版 | |
書　　　　名	作　者	卷次	冊次	頁　碼	冊次	頁　碼
詩 本 音	顧 炎 武	8	1	75	6	3799
毛 詩 稽 古 編	陳 啟 源	60	3	809	7	4369
詩 說	惠 周 惕	190	5	1809	6	3873
詩 說 附 錄	惠 周 惕	193	5	1829	6	3893
毛 鄭 詩 考 正	戴 震	557	17	6267	6	3897
杲 溪 詩 經 補 注	戴 震	561	17	6301	6	3931
毛 詩 故 訓 傳	段 玉 裁	600	18	6701	6	3947
詩 經 小 學	段 玉 裁	630	18	6811	6	4057
毛 詩 攷 勘 記	阮 元	840	25	9391	7	4755
毛 詩 補 疏	焦 循	1151	32	12245	6	4097
毛 詩 紬 義	李 黼 平	1331	38	14499	6	4143
三 家 詩 異 文 疏 證	馮 登 府	1407	40	15461	7	4701
三 家 詩 異 文 疏 證 補 遺	馮 登 府	1408	40	15495	7	4735
詩 經 稗 疏	王 夫 之	6	續 1	39	續 4	2237
續 詩 傳 鳥 名	毛 奇 齡	18	續 1	177	續 7	4839
白 鷺 洲 主 客 說 詩	毛 奇 齡	21	續 1	196	續 7	4859
詩 聲 類	孔 廣 森	194	續 3	2227	續 7	4867
詩 聲 分 例	孔 廣 森	206	續 3	2265	續 7	4905
毛 詩 攷 證	莊 述 祖	231	續 4	2534	續 8	5239
毛 詩 周 頌 口 義	莊 述 祖	235	續 4	2557	續 7	4921
詩 書 古 訓	阮 元	240	續 4	2627	續 7	4969
毛 詩 傳 箋 通 釋	馬 瑞 辰	416	續 6	4616	續 4	2305
毛 詩 後 箋	胡 承 珙	448	續 7	5096	續 4	2784

· 55 ·

《 詩 》

皇　清　經　解　正　續　編		卷次	復　興　版		漢　京　版	
書　　　名	作　者		冊次	頁　碼	冊次	頁　碼
詩經異文釋	李富孫	545	續 9	6265	續 8	5263
詩毛氏傳疏	陳　奐	778	續12	9029	續 5	3449
釋毛詩音	陳　奐	808	續12	9392	續 8	5165
毛詩說	陳　奐	812	續12	9418	續 6	3832
毛詩傳義類十九篇	陳　奐	813	續12	9433	續 6	3813
詩譜攷正	丁　晏	846	續13	9774	續 8	5215
齊詩翼氏學	迮鶴壽	848	續13	9809	續 7	4689
詩地理徵	朱右曾	1039	續15	11448	續 7	4737
魯詩遺說攷	陳喬樅	1118	續16	12512	續 6	4114
齊詩遺說攷	陳喬樅	1138	續17	12747	續 6	4349
韓詩遺說攷	陳喬樅	1150	續17	12884	續 7	4487
毛詩鄭箋改字說	陳喬樅	1167	續17	13085	續 8	5623
詩經四家異文攷	陳喬樅	1171	續17	13115	續 8	5441
齊詩翼氏學疏證	陳喬樅	1176	續17	13297	續 7	4711
詩古微	魏　源	1292	續19	14598	續 6	3846
詩名物證古	俞　樾	1353	續19	15356	續 7	4827
毛詩譜	胡元儀	1426	續20	16274	續 8	5191

《 三禮 》

皇清經解正續編			復興版		漢京版	
書　　　名	作　者	卷次	冊次	頁　碼	冊次	頁　碼
學禮質疑	萬斯大	48	3	731	8	4973
禮說	惠士奇	214	6	2123	8	5003
周禮疑義舉要	江　永	244	7	2563	9	5607
深衣考誤	江　永	251	7	2611	10	6429
儀禮章句	吳廷華	271	8	2859	11	7015
禮記注疏考證	齊召南	311	9	3317	4	2695
周官祿田考	沈　彤	316	10	3383	9	5817
儀禮小疏	沈　彤	320	10	3423	11	7147
周禮軍賦說	王鳴盛	435	13	4895	9	5753
弁服釋例	任大椿	495	15	5425	9	6055
釋繒	任大椿	503	15	5551	9	6181
宗法小記	程瑤田	524	16	5789	8	5193
儀禮喪服文足徵記	程瑤田	525	16	5805	11	7297
釋宮小記	程瑤田	535	16	5925	9	5907
考工創物小記	程瑤田	536	16	5939	9	5921
溝洫疆理小記	程瑤田	541	16	6061	9	6027
禮箋	金　榜	554	17	6211	8	5207
考工記圖	戴　震	563	17	6317	9	5849
周禮漢讀考	段玉裁	634	18	6851	9	5655
儀禮漢讀考	段玉裁	640	18	6943	9	5747
禮學卮言	孔廣森	692	22	8195	8	5265
大戴禮記補注	孔廣森	698	22	8241	10	6899
儀禮釋官	胡匡衷	775	23	8749	11	7201

《 三禮 》

皇清經解正續編			復興版		漢京版	
書　　　名	作　者	卷次	冊次	頁　碼	冊次	頁　碼
禮經釋例	淩廷堪	784	24	8845	8	5311
校禮堂文集	淩廷堪	797	24	9079	8	5545
大戴禮記正誤	汪　中	802	24	9143	10	6871
曾子注釋	阮　元	803	24	9171	11	6983
周禮挍勘記	阮　元	850	26	9609	10	6233
儀禮挍勘記	阮　元	864	26	9783	11	7417
禮記挍勘記	阮　元	882	27	10033	10	6507
考工記車制圖解	阮　元	1055	29	11221	10	6407
撫本禮記鄭注考異	張敦仁	1075	30	11419	10	6455
禮記補疏	焦　循	1156	32	12289	10	6479
燕寢考	胡培翬	1299	37	14223	10	6437
夏小正疏義	洪震煊	1318	38	14371	9	6203
禮說	淩　曙	1356	39	14741	9	5559
郊社禘祫問	毛奇齡	22	續 1	204	續11	7985
大小宗通繹	毛奇齡	23	續 1	214	續 9	6331
禮記偶箋	萬斯大	25	續 1	230	續11	8175
儀禮釋宮增註	江　永	57	續 2	795	續10	6739
儀禮釋例	江　永	58	續 2	805	續10	6735
禮記訓義擇言	江　永	59	續 2	809	續11	8207
天子肆獻祼饋食禮纂	任敬運	134	續 3	1744	續11	8143
朝廟宮室考	任敬運	136	續 3	1775	續10	6517
明堂大道錄	惠　棟	147	續 3	1869	續10	6533

《 三 禮 》

皇　清　經　解　正　續　編			復　興　版		漢　京　版	
書　　　　　名	作　者	卷次	冊次	頁　　碼	冊次	頁　　碼
禘說	惠　棟	155	續 3	1943	續11	7997
周官記	莊存與	161	續 3	1997	續10	6385
周官說	莊存與	166	續 3	2027	續 9	6341
周官說補	莊存與	168	續 3	2040	續 9	6354
儀禮管見	褚寅亮	171	續 3	2070	續10	6749
鄭氏儀禮目錄校證	胡匡衷	190	續 3	2183	續10	6845
深衣釋例	任大椿	191	續 3	2189	續11	8563
車制攷	錢　坫	216	續 3	2358	續10	6607
釋服	宋綿初	225	續 3	2420	續11	8021
儀禮圖	張惠言	313	續 5	3768	續10	6869
讀儀禮記	張惠言	319	續 5	3890	續10	6851
大學古義說	宋翔鳳	387	續 6	4397	續11	8271
儀禮古今文疏義	胡承珙	478	續 8	5761	續10	6993
周官故書攷	徐養原	516	續 8	5996	續10	6415
儀禮古今文異同疏證	徐養原	520	續 8	6036	續10	7077
周禮學	王聘珍	536	續 8	6188	續10	6457
儀禮學	王聘珍	538	續 8	6203	續10	7125
夏小正分箋	黃　模	573	續 9	6580	續11	8601
夏小正異義	黃　模	577	續 9	6597	續11	8619
儀禮經注疏正譌	金日追	609	續 9	6842	續10	7133
求古錄禮說	金　鶚	663	續10	7193	續 9	5653
求古錄禮說補遺	金　鶚	678	續10	7403	續 9	5863

《三禮》

皇　清　經　解　正　續　編			復　興　版		漢　京　版	
書　　名	作　者	卷次	冊次	頁　碼	冊次	頁　碼
儀禮正義	胡培翬	698	續11	7807	續10	7217
禘祫問荅	胡培翬	738	續11	8495	續11	8011
喪禮經傳約	吳卓信	777	續12	9023	續11	8065
大戴禮注補	汪　昭	821	續13	9520	續11	8291
周禮注疏小箋	曾　釗	816	續13	9478	續10	6473
輪輿私箋	鄭　珍	932	續14	10469	續10	6621
輪輿圖	鄭知同	934	續14	10508	續10	6660
儀禮私箋	鄭　珍	935	續14	10513	續11	7905
學禮管釋	夏　炘	966	續14	10802	續 9	5875
攷工記攷辨	王宗涑	1020	續15	11313	續10	6665
喪服會通說	吳家賓	1046	續15	11537	續11	8071
讀儀禮錄	曾國藩	1050	續15	11573	續11	7975
禮記鄭讀攷	陳喬樅	1180	續17	13354	續11	8409
白虎通疏證	陳　立	1265	續18	14235	續 9	6129
禮經通論	邵懿辰	1277	續18	14436	續 9	6041
九族考	俞　樾	1352	續19	15352	續10	6729
士昏禮對席圖	俞　樾	1354	續19	15367	續11	8107
禮記異文箋	俞　樾	1355	續19	15372	續11	8529
禮記鄭讀攷	俞　樾	1356	續19	15391	續11	8511
玉佩考	俞　樾	1357	續19	15409	續11	8113
鄭君駁正三禮考	俞　樾	1358	續20	15415	續 9	6059
禮記天算釋	孔廣牧	1413	續20	16084	續11	8549
禮說略	黃以周	1416	續20	16120	續 9	6072

《 三禮 》

皇　清　經　解　正　續　編			復　興　版		漢　京　版	
書　　　　　　名	作　者	卷次	冊次	頁　　碼	冊次	頁　　碼
昏禮重別論對駁義	劉壽曾	1423	續20	16238	續11	8119

《春秋》

皇　清　經　解　正　續　編			復　興　版		漢　京　版	
書　　　　　名	作　者	卷次	冊次	頁　　碼	冊次	頁　　碼
左傳杜解補正	顧炎武	1	1	15	12	8571
學春秋隨筆	萬斯大	50	3	761	12	7983
春秋毛氏傳	毛奇齡	120	4	1327	12	7669
春秋簡書刊誤	毛奇齡	156	5	1597	12	7937
春秋屬辭比事記	毛奇齡	158	5	1615	12	7955
解春集	馮　景	205	6	2021	12	8031
春秋說	惠士奇	228	7	2313	12	8059
春秋地理考實	江　永	252	7	2619	12	8291
春秋左傳注疏考證	齊召南	312	9	3329	4	2707
春秋公羊傳注疏考證	齊召南	314	9	3355	4	2733
春秋穀梁傳注疏考證	齊召南	315	9	3371	4	2749
春秋左傳小疏	沈　彤	328	10	3477	12	8605
春秋左傳補註	惠　棟	353	10	3731	13	8615
春秋正辭	莊存與	375	11	3895	12	8345
春秋公羊通義	孔廣森	679	22	8045	13	9145
春秋公羊經傳通義敍	孔廣森	691	22	8190	13	9290
春秋左氏傳挍勘記	阮　元	949	28	10397	13	8729
春秋公羊傳挍勘記	阮　元	991	28	10737	13	9295

《 春 秋 》

皇　清　經　解　正　續　編			復　興　版		漢　京　版	
書　　　　名	作　者	卷次	冊次	頁　碼	冊次	頁　碼
春秋穀梁傳挍勘記	阮　元	1003	29	10833	13	9563
春秋左傳補疏	焦　循	1159	32	12319	13	8687
春秋左傳補注	馬宗璉	1277	37	13975	13	9095
春秋公羊經何氏釋例	劉逢祿	1280	37	14025	13	9425
公羊春秋何氏解詁箋	劉逢祿	1290	37	14141	13	9407
穀梁廢疾申何	劉逢祿	1292	37	14161	13	9543
左氏春秋考證	劉逢祿	1294	37	14183	13	9069
箴膏肓評	劉逢祿	1296	37	14201	13	9087
春秋異文箋	趙　坦	1303	37	14249	12	8471
公羊禮說	淩　曙	1355	39	14725	13	9391
說緯	王　崧	1370	39	14869	12	8449
春秋稗疏	王夫之	10	續 1	107	續13	9501
春秋長曆	陳厚耀	47	續 1	642	續13	9527
春秋大事表	顧棟高	67	續 2	873	續12	8629
春秋大事表輿圖	顧棟高	133	續 3	1703	續12	9460
國語補校	劉台拱	208	續 3	2295	續16	13023
春秋左傳詁	洪亮吉	250	續 4	2823	續13	9915
左通補釋	梁履繩	270	續 5	3183	續14	10275
春秋左傳異文釋	李富孫	561	續 9	6443	續14	10737
春秋公羊傳異文釋	李富孫	571	續 9	6568	續15	12053

《春秋》

皇　清　經　解　正　續　編			復　興　版		漢　京　版	
書　　　名	作　者	卷次	冊次	頁　碼	冊次	頁　碼
春秋穀梁傳異文釋	李富孫	572	續 9	6576	續15	11435
春秋左氏古義	臧壽恭	579	續 9	6606	續14	10863
春秋左氏傳補注	沈欽韓	585	續 9	6657	續14	10915
春秋左氏傳地名補注	沈欽韓	597	續 9	6778	續14	11037
國語發正	汪遠孫	629	續 9	6958	續16	13029
春秋穀梁傳時月日書法釋例	許桂林	659	續10	7166	續15	11441
左傳舊疏考正	劉文淇	747	續12	8635	續14	11103
春秋朔閏異同	羅士琳	755	續12	8738	續13	9681
春秋左傳賈服注輯述	李貽德	757	續12	8790	續15	11201
公羊逸禮攷徵	陳　奐	815	續13	9467	續15	12063
公羊禮疏	凌　曙	852	續13	9830	續15	12075
公羊問答	凌　曙	863	續13	9922	續15	12169
春秋繁露注	凌　曙	865	續13	9938	續13	9811
春秋公羊傳麻譜	包慎言	898	續14	10213	續16	12187
春秋決事比	龔自珍	931	續14	10462	續13	9741
春秋古經說	侯　康	955	續14	10702	續13	9749
穀梁禮證	侯　康	957	續14	10717	續15	11469
穀梁大義述	柳興恩	989	續15	11011	續15	11489
春秋釋	黃式三	1019	續15	11303	續13	9765
公羊義疏	陳　立	1189	續18	13467	續16	12255

《春秋》

皇　清　經　解　正　續　編			復　興　版		漢　京　版	
書　　　　　名	作　者	卷次	冊次	頁　　碼	冊次	頁　　碼
穀梁補注	鍾文烝	1321	續19	15004	續15	11781
春秋名字解詁補義	俞樾	1359	續20	15427	續13	9775
春秋日南至譜	成蓉鏡	1411	續20	16069	續13	9789
駁春秋名字解詁	胡元玉	1427	續20	16297	續13	9797

《 孟子 孝經 》

皇　清　經　解　正　續　編			復　興　版		漢　京　版	
書　　　　　名	作　者	卷次	冊次	頁　碼	冊次	頁　碼
孟子生卒年月考	閻若璩	24	1	285	14	9987
孟子挍勘記	阮　元	1039	29	11143	14	10363
孟子正義	焦　循	1117	31	11839	14	9993
孟子四攷	周廣業	227	續 4	2463	續17	13721
孟子趙注補正	宋翔鳳	399	續 6	4481	續17	13793
孟子音義攷證	蔣仁榮	1348	續19	15312	續17	13857
孝經挍勘記	阮　元	1027	29	10975	14	9957
孝經義疏	阮　福	1360	39	14789	14	9939
孝經問	毛奇齡	24	續 1	223	續17	13701
孝經徵文	丁　晏	847	續13	9797	續17	13709

《 論 語 》

皇 清 經 解 正 續 編			復 興 版		漢 京 版	
書　　　名	作　者	卷次	冊次	頁　碼	冊次	頁　碼
論語稽求篇	毛奇齡	177	5	1751	14	9615
鄉黨圖考	江　永	261	8	2711	14	9649
論語挍勘記	阮　元	1016	29	10885	14	9835
論語補疏	焦　循	1164	32	12361	14	9811
論語述何	劉逢祿	1297	37	14209	14	9925
論語偶記	方觀旭	1327	38	14445	14	9797
論語說義	宋翔鳳	389	續 6	4417	續17	13147
論語魯讀攷	徐養原	525	續 8	6082	續17	13211
論語孔注辨偽	沈　濤	627	續 9	6937	續17	13222
鄉黨正義	金　鶚	679	續10	7415	續17	13693
論語古注集箋	潘維城	909	續14	10280	續17	13243
論語正義	劉寶楠	1051	續15	11583	續17	13409
論語鄭義	俞　樾	1360	續20	15441	續17	13665
續論語駢枝	俞　樾	1361	續20	15452	續17	13677
何休注訓論語述	劉恭冕	1412	續20	16077	續17	13685

《 爾 雅 》

皇 清 經 解 正 續 編			復 興 版		漢 京 版	
書　　　　名	作　者	卷次	冊次	頁　　碼	冊次	頁　　碼
音 論	顧炎武	4	1	49	15	10441
爾雅正義	邵晉涵	504	15	5573	16	11225
磬折古義	程瑤田	540	16	6045	15	10451
水地小記	程瑤田	545	16	6123	15	10467
解字小記	程瑤田	546	17	6131	15	10475
聲律小記	程瑤田	547	17	6135	15	10479
九穀考	程瑤田	548	17	6137	15	10481
釋草小記	程瑤田	552	17	6181	15	10525
釋蟲小記	程瑤田	553	17	6203	15	10547
說文解字注	段玉裁	641	19	6949	15	10555
六書音均表	段玉裁	656	20	7563	16	11169
廣雅疏證	王念孫	667	21	7699	16	11441
爾雅挍勘記	阮　元	1031	29	11005	16	11993
積古齋鐘鼎彝器款識	阮　元	1057	29	11243	16	12131
爾雅義疏	郝懿行	1257	36	13747	16	11765
爾雅補郭	翟　灝	188	續 3	2165	續18	13889
爾雅古義	錢　坫	213	續 3	2329	續18	13907
爾雅釋地四篇注	錢　坫	215	續 3	2341	續18	13919
說文聲類	嚴可均	365	續 6	4287	續18	13937
說文聲類出入表	嚴可均	381	續 6	4345	續18	13995
小爾雅訓纂	宋翔鳳	405	續 6	4544	續18	13997
爾雅匡名	嚴元照	496	續 8	5848	續18	14035
說文諧聲譜	張成孫	650	續10	7075	續18	14185

《爾雅》

皇　清　經　解　正　續　編			復　興　版		漢　京　版	
書　　　　名	作　者	卷次	冊次	頁　　碼	冊次	頁　　碼
說文解字音均表	江　沅	680	續10	7423	續18	14277
說文聲讀表	苗　夔	959	續14	10736	續18	14661
釋穀	劉寶楠	1075	續16	11839	續18	14729
爾雅經注集證	龍啟瑞	1186	續17	13454	續18	14783

《 諸 經 總 義 》

皇　清　經　解　正　續　編			復　興　版		漢　京　版	
書　　　　　名	作　者	卷次	冊次	頁　　碼	冊次	頁　　碼
日 知 錄	顧 炎 武	18	1	149	17	12155
四 書 釋 地	閻 若 璩	20	1	185	17	12399
四 書 釋 地 續	閻 若 璩	21	1	200	17	12414
四 書 釋 地 又 續	閻 若 璩	22	1	219	17	12433
四 書 釋 地 三 續	閻 若 璩	23	1	259	17	12473
潛 邱 劄 記	閻 若 璩	25	1	291	19	14695
經 問	毛 奇 齡	162	5	1643	17	12191
四 書 賸 言	毛 奇 齡	184	5	1785	17	12299
四 書 賸 言 補	毛 奇 齡	188	5	1801	17	12315
湛 園 札 記	姜 宸 英	194	5	1833	17	12373
經 義 雜 記	臧 琳	195	5	1843	19	14471
白 田 草 堂 存 稿	王 懋 竑	243	7	2545	18	13073
羣 經 補 義	江 永	256	8	2673	17	12323
經 史 問 答	全 祖 望	302	9	3235	18	13293
質 疑	杭 世 駿	309	9	3293	17	12383
果 堂 集	沈 彤	329	10	3487	18	13091
九 經 古 義	惠 棟	359	11	3803	19	14379
鍾 山 札 記	盧 文 弨	388	11	3999	17	12735
龍 城 札 記	盧 文 弨	389	11	4013	17	12749
十 駕 齋 養 新 錄	錢 大 昕	439	14	4959	17	12757
十 駕 齋 養 新 餘 錄	錢 大 昕	442	14	4996	17	12794
潛 研 堂 文 集	錢 大 昕	443	14	4999	17	12797
四 書 考 異	翟 灝	449	14	5069	17	12499
讀 書 脞 錄	孫 志 祖	491	15	5395	18	13107

《 諸經總義 》

皇 清 經 解 正 續 編			復 興 版		漢 京 版	
書　　　名	作　者	卷次	冊次	頁　　碼	冊次	頁　　碼
讀書脞錄續編	孫志祖	493	15	5411	18	13123
戴東原集	戴　震	565	17	6375	17	12867
經韻樓集	段玉裁	661	20	7619	20	15327
讀書雜志	王念孫	677	21	8023	20	15407
經學卮言	孔廣森	711	22	8325	20	15273
溉亭述古錄	錢　塘	717	22	8379	20	15429
羣經識小	李　惇	719	23	8409	18	13005
經讀考異	武　億	727	23	8477	19	14649
問字堂集	孫星衍	774	23	8733	20	15465
劉氏遺書	劉台拱	798	24	9093	20	15459
述學	汪　中	799	24	9099	18	13153
經義知新記	汪　中	801	24	9127	18	13137
揅經室集	阮　元	1068	30	11331	20	15499
拜經日記	臧　庸	1170	32	12421	18	13181
拜經文集	臧　庸	1178	32	12509	18	13269
瞥記	梁玉繩	1179	32	12533	20	14721
經義述聞	王引之	1180	33	12547	18	13617
經傳釋詞	王引之	1208	34	13165	19	14235
五經異義疏證	陳壽祺	1248	35	13513	18	13403
左海經辨	陳壽祺	1251	36	13623	18	13351
左海文集	陳壽祺	1253	36	13675	18	13513
鑑止水齋集	許宗彥	1255	36	13709	18	13547
發墨守評	劉逢祿	1291	37	14159	18	13585
研六室雜著	胡培翬	1302	37	14241	18	13587

《 諸 經 總 義 》

皇　清　經　解　正　續　編			復　興　版		漢　京　版	
書　　　　名	作　者	卷次	冊次	頁　碼	冊次	頁　碼
寶甓齋札記	趙　坦	1316	38	14349	18	13595
寶甓齋文集	趙　坦	1317	38	14365	18	13611
秋槎雜記	劉履恂	1322	38	14401	19	14323
吾亦廬稿	崔應榴	1323	38	14415	19	14337
經書算學天文攷	陳懋齡	1328	38	14459	20	15251
四書釋地辨證	宋翔鳳	1329	38	14481	20	15481
經傳攷證	朱　彬	1361	39	14807	20	15201
礨齋遺稿	劉玉麐	1369	39	14857	19	14367
經義叢鈔	嚴　杰	1371	39	14891	20	14735
國朝石經攷異	馮登府	1401	40	15357	17	12901
漢石經攷異	馮登府	1402	40	15388	17	12932
魏石經攷異	馮登府	1403	40	15407	17	12951
唐石經攷異	馮登府	1404	40	15415	17	12959
蜀石經攷異	馮登府	1405	40	15431	17	12975
北宋石經攷異	馮登府	1406	40	15444	17	12988
九經誤字	顧炎武	1	續　1	16	續19	15397
四書稗疏	王夫之	12	續　1	132	續20	15873
晚書訂疑	程廷祚	157	續　3	1956	續20	15901
經傳小記	劉台拱	207	續　3	2280	續19	15471
羣經義證	武　億	217	續　3	2371	續19	14797
五經小學述	莊述祖	238	續　4	2605	續19	15449
羣經宮室圖	焦　循	359	續　6	4194	續19	14847
隸經文	江　藩	361	續　6	4258	續20	15999
過庭錄	宋翔鳳	411	續　6	4581	續20	16041

《 諸 經 總 義 》

皇　清　經　解　正　續　編			復　興　版		漢　京　版	
書　　　　名	作　者	卷次	冊次	頁　碼	冊次	頁　碼
讀書叢錄	洪頤煊	495	續　8	5844	續20	16077
頑石廬經說	徐養原	526	續　8	6091	續19	15501
實事求是齋經義	朱大韶	739	續11	8504	續19	15599
十三經詁答問	馮登府	741	續11	8587	續19	15401
鄭氏箋攷徵	陳　奐	814	續13	9453	續19	15487
癸巳類稿	俞正燮	834	續13	9636	續20	16083
癸巳存稿	俞正燮	840	續13	9708	續20	16157
巢經巢經說	鄭　珍	943	續14	10582	續20	15683
東塾讀書記	陳　澧	945	續14	10611	續20	16197
開有益齋經說	朱緒曾	984	續14	10967	續20	15703
禮堂經說	陳喬樅	1178	續17	13323	續20	15747
讀書偶識	鄒漢勛	1309	續19	14866	續20	16289
劉貴陽經說	劉書年	1320	續19	14985	續20	15779
達齋叢說	俞　樾	1350	續19	15342	續20	16409
羣經平議	俞　樾	1362	續20	15458	續19	14913
古書疑義舉例	俞　樾	1397	續20	15940	續20	15939
先聖生卒年月日考	孔廣牧	1414	續20	16097	續20	16441
經說略	黃以周	1419	續20	16176	續20	15799
漢孳室文鈔	陶方琦	1421	續20	16216	續20	16417
隸經賸義	林兆豐	1425	續20	16263	續20	16029
經述	林頤山	1428	續20	16311	續20	15839

姓 氏 筆 畫 檢 字 表

【 2 畫 】		杭	86	【 1 1 畫 】		齊	103
丁	77	林	87	崔	93	【 1 5 畫 】	
【 4 畫 】		武	87	張	93	劉	103
孔	77	邵	87	梁	94	潘	105
方	77	金	87	盛	94	蔣	105
毛	78	【 9 畫 】		莊	94	鄭	105
王	78	侯	88	許	95	【 1 6 畫 】	
【 5 畫 】		俞	88	陳	95	盧	106
包	80	姜	89	陶	97	錢	106
【 6 畫 】		姚	89	淩	97	閻	106
任	80	柳	89	【 1 2 畫 】		龍	107
全	80	段	89	惠	98	【 1 7 畫 】	
成	80	洪	90	曾	99	戴	107
朱	80	胡	90	焦	99	鍾	107
江	81	苗	91	程	99	【 1 8 畫 】	
【 7 畫 】		迮	91	馮	100	魏	107
何	82	【 1 0 畫 】		黃	101	【 1 9 畫 】	
吳	82	倪	91	【 1 3 畫 】		羅	107
宋	82	淩，見11畫淩		萬	101	【 2 0 畫 】	
李	83	夏	92	鄒	102	嚴	108
沈	84	孫	92	褚	102	【 2 1 畫 】	
汪	85	徐	92	【 1 4 畫 】		顧	108
阮	85	秦	92	翟	102	【 2 2 畫 】	
【 8 畫 】		郝	92	臧	102	龔	109
周	86	馬	93	趙	102		

皇 清 經 解 正 續 編			復 興 版		漢 京 版	
作 者 ／ 書 名	卷數	卷 次	冊次	頁 碼	冊次	頁 碼
丁 晏						
尚書餘論	1	844	續13	9747	續 2	1201
禹貢錐指正誤	1	845	續13	9769	續 2	2043
詩譜攷正	1	846	續13	9774	續 2	5215
孝經徵文	1	847	續13	9797	續 2	13709
孔廣牧						
禮記天算釋	1	1413	續20	16084	續11	8549
先聖生卒年月日考	2	1414‐1415	續20	16097	續11	16441
孔廣森						
春秋公羊通義	12	679‐690	22	8045	13	9145
春秋公羊經傳通義敘	1	691	22	8190	13	9290
禮學卮言	6	692‐697	22	8195	8	5265
大戴禮記補注	13	698‐710	22	8241	10	6899
經學卮言	6	711‐716	22	8325	20	15273
詩聲類	12	194‐205	續 3	2227	續 7	4867
詩聲分例	1	206	續 3	2265	續 7	4905
方觀旭						
論語偶記	1	1327	38	14445	14	9797

【 4畫 】 毛王

皇 清 經 解 正 續 編			復 興 版		漢 京 版	
作 者 ／ 書 名	卷數	卷 次	冊次	頁 碼	冊次	頁 碼
毛奇齡						
仲 氏 易	30	90-119	4	1141	1	17
春 秋 毛 氏 傳	36	120-155	4	1327	12	7669
春 秋 簡 書 刊 誤	2	156-157	5	1597	12	7937
春 秋 屬 辭 比 事 記	4	158-161	5	1615	12	7955
經 問	15	162-176	5	1643	17	12191
論 語 稽 求 篇	7	177-183	5	1751	14	9615
四 書 賸 言	4	184-187	5	1785	17	12299
四 書 賸 言 補	2	188-189	5	1801	17	12315
春 秋 占 筮 書	3	15-17	續 1	159	續 1	21
續 詩 傳 鳥 名	3	18-20	續 1	177	續 7	4839
白 鷺 洲 主 客 說 詩	1	21	續 1	196	續 7	4859
郊 社 禘 祫 問	1	22	續 1	204	續11	7985
大 小 宗 通 繹	1	23	續 1	214	續 9	6331
孝 經 問	1	24	續 1	223	續17	13701
王 崧						
說 緯	1	1370	39	14869	12	8449
王夫之						
周 易 稗 疏	4	2-5	續 1	19	續 1	1
詩 經 稗 疏	4	6-9	續 1	39	續 4	2237
春 秋 稗 疏	2	10-11	續 1	107	續13	9501

皇　清　經　解　正　續　編			復　興　版		漢　京　版	
作 者 ／ 書 名	卷數	卷　　次	冊 次	頁　碼	冊 次	頁　碼
四 書 稗 疏	3	12-14	續 1	132	續20	15873
王 引 之						
經 義 述 聞	28	1180-1207	33	12547	18	13617
經 傳 釋 詞	10	1208-1217	34	13165	19	14235
王 宗 涑						
攷 工 記 攷 辨	8	1020-1027	續15	11313	續10	6665
王 念 孫						
廣 雅 疏 證	10	667-676	21	7699	16	11441
讀 書 雜 志	2	677-678	21	8023	20	15407
逸 周 書 雜 志	4	209-212	續 3	2300	續 3	1894
王 聘 珍						
周 禮 學	2	536-537	續 8	6188	續10	6457
儀 禮 學	1	538	續 8	6203	續10	7125
王 鳴 盛						
尚 書 後 案	31	404-434	12	4299	4	2091
周 禮 軍 賦 說	4	435-438	13	4895	9	5753
王 懋 竑						
白 田 草 堂 存 稿	1	243	7	2545	18	13073

【 5 - 6 畫 】 包任全成朱

皇 清 經 解 正 續 編			復 興 版		漢 京 版	
作 者 ／ 書 名	卷數	卷 次	冊次	頁 碼	冊次	頁 碼
包 慎 言						
春秋公羊傳歷譜	11	898-908	續14	10213	續16	12187
任 大 椿						
弁服釋例	8	495-502	15	5425	9	6055
釋繒	1	503	15	5551	9	6181
深衣釋例	3	191-193	續 3	2189	續11	8563
任 啟 運						
天子肆獻祼饋食禮纂	2	134-135	續 3	1744	續11	8143
朝廟宮室考	1	136	續 3	1775	續10	6517
全 祖 望						
經史問答	7	302-308	9	3235	18	13293
成 蓉 鏡						
周易釋爻例	1	1405	續20	16001	續 1	678
尚書歷譜	2	1406-1407	續20	16010	續 2	1251
禹貢班義述	3	1408-1410	續20	16032	續 3	2073
春秋日南至譜	1	1411	續20	16069	續13	9790
朱 彬						

皇 清 經 解 正 續 編			復 興 版		漢 京 版	
作 者 ／ 書 名	卷數	卷 次	冊次	頁 碼	冊次	頁 碼
經 傳 攷 證	8	1361-1368	39	14807	20	15201
朱 大 韶						
實 事 求 是 齋 經 義	2	739-740	續11	8504	續19	15599
朱 右 曾						
逸 周 書 集 訓 校 釋	10	1028-1037	續15	11380	續 3	1923
逸 周 書 逸 文	1	1038	續15	11443	續 3	1990
詩 地 理 徵	7	1039-1045	續15	11448	續 7	4737
朱 緒 曾						
開 有 益 齋 經 說	5	984-988	續14	10967	續20	15703
江 永						
周 禮 疑 義 舉 要	7	244-250	7	2563	9	5607
深 衣 考 誤	1	251	7	2611	10	6429
春 秋 地 理 考 實	4	252-255	7	2619	12	8291
羣 經 補 義	5	256-260	8	2673	17	12323
鄉 黨 圖 考	10	261-270	8	2711	14	9649
儀 禮 釋 宮 增 註	1	57	續 2	795	續10	6739
儀 禮 釋 例	1	58	續 2	805	續10	6735
禮 記 訓 義 擇 言	8	59-66	續 2	809	續11	8207
江 沅						

【 6-7畫 】　江何吳宋

皇　清　經　解　正　續　編			復　興　版		漢　京　版	
作 者 ／ 書 名	卷數	卷　　次	冊次	頁　碼	冊次	頁　碼
說文解字音均表	18	680-697	續10	7423	續18	14277
江　聲						
尚書集注音疏	14	390-403	11	4021	3	1813
江　藩						
周易述補	4	1166-1169	32	12385	2	723
隸經文	4	361-364	續 6	4258	續20	15999
何秋濤						
周易爻辰申鄭義	1	1278	續18	14454	續 1	667
禹貢鄭氏略例	1	1279	續18	14458	續 5	2058
吳廷華						
儀禮章句	17	271-287	8	2859	11	7015
吳卓信						
喪禮經傳約	1	777	續12	9023	續11	8065
吳家賓						
喪服會通說	4	1046-1049	續15	11537	續11	8071
宋翔鳳						
四書釋地辨證	2	1329-1330	38	14481	20	15481

皇　清　經　解　正　續　編			復　興　版		漢　京　版	
作　者／書　名	卷數	卷　　次	冊次	頁　碼	冊次	頁　碼
周易攷異	2	382-383	續 6	4346	續 1	366
尚書略說	2	384-385	續 6	4370	續 2	1185
尚書譜	1	386	續 6	4386	續 2	1239
大學古義說	2	387-388	續 6	4397	續11	8271
論語說義	10	389-398	續 6	4417	續17	13147
孟子趙注補正	6	399-404	續 6	4481	續17	13793
小爾雅訓纂	6	405-410	續 6	4544	續18	13997
過庭錄	5	411-415	續 6	4581	續20	16041
宋綿初						
釋服	2	225-226	續 3	2420	續11	8021
李　惇						
羣經識小	8	719-726	23	8409	18	13005
李　銳						
周易虞氏略例	1	626	續 9	6924	續 1	390
李林松						
周易述補	5	302-306	續 5	3644	續 5	320
李富孫						
易經異文釋	6	539-544	續 8	6210	續 1	582
詩經異文釋	16	545-560	續 9	6265	續 8	5263

【 7畫 】 李沈

皇 清 經 解 正 續 編			復 興 版		漢 京 版	
作 者 ／ 書 名	卷數	卷 次	冊 次	頁 碼	冊 次	頁 碼
春秋左傳異文釋	10	561-570	續 9	6443	續14	10737
春秋公羊傳異文釋	1	571	續 9	6568	續15	12053
春秋穀梁傳異文釋	1	572	續 9	6576	續15	11435
李貽德						
春秋左傳賈服注輯述	20	757-776	續12	8790	續15	11201
李黼平						
毛詩紬義	24	1331-1354	38	14499	6	4143
沈 彤						
周官祿田考	3	316-318	10	3383	9	5817
尚書小疏	1	319	10	3415	3	1713
儀禮小疏	8	320-327	10	3423	11	7147
春秋左傳小疏	1	328	10	3477	12	8605
果堂集	1	329	10	3487	18	13091
沈 濤						
論語孔注辨偽	2	627-628	續 9	6937	續17	13222
沈欽韓						

皇 清 經 解 正 續 編			復 興 版		漢 京 版	
作 者 ／ 書 名	卷數	卷 次	冊次	頁 碼	冊次	頁 碼
春秋左氏傳補注	12	585-596	續 9	6657	續14	10915
春秋左氏傳地名補注	12	597-608	續 9	6778	續14	11037
汪 中						
述學	2	799-800	24	9099	18	13153
經義知新記	1	801	24	9127	18	13137
大戴禮記正誤	1	802	24	9143	10	6871
汪 昭						
大戴禮注補	13	821-833	續13	9520	續11	8291
汪 遠 孫						
國語發正	21	629-649	續 9	6958	續16	13029
阮 元						
曾子注釋	4	803-806	24	9171	11	6983
周易挍勘記	11	807-817	25	9203	2	1171
尚書挍勘記	22	818-839	25	9277	5	3685
毛詩挍勘記	10	840-849	25	9391	7	4755
周禮挍勘記	14	850-863	26	9609	10	6233
儀禮挍勘記	18	864-881	26	9783	11	7417
禮記挍勘記	67	882-948	27	10033	10	6507

【 7 - 8畫 】　阮周杭

皇　清　經　解　正　續　編			復　興　版		漢　京　版	
作　者　／　書　名	卷數	卷　　次	冊次	頁　碼	冊次	頁　碼
春秋左氏傳挍勘記	42	949-990	28	10397	13	8729
春秋公羊傳挍勘記	12	991-1002	28	10737	13	9295
春秋穀梁傳挍勘記	13	1003-1015	29	10833	13	9563
論語挍勘記	11	1016-1026	29	10885	14	9835
孝經挍勘記	4	1027-1030	29	10975	14	9957
爾雅挍勘記	8	1031-1038	29	11005	16	11993
孟子挍勘記	16	1039-1054	29	11143	14	10363
考工記車制圖解	2	1055-1056	29	11221	10	6407
積古齋鐘鼎彝器欵識	2	1057-1058	29	11243	16	12131
疇人傳	9	1059-1067	30	11267	5	3621
揅經室集	7	1068-1074	30	11331	20	15499
詩書古訓	10	240-249	續 4	2627	續 7	4969
阮　福						
孝經義疏	1	1360	39	14789	14	9939
周廣業						
孟子四攷	4	227-230	續 4	2463	續17	13721
杭世駿						

皇　清　經　解　正　續　編			復　興　版		漢　京　版	
作 者 ／ 書 名	卷數	卷　　次	冊次	頁　碼	冊次	頁　碼
質 疑	1	309	9	3293	17	12383
林 兆 豐						
隸 經 賸 義	1	1425	續20	16263	續20	16029
林 頤 山						
經 述	3	1428-1430	續20	16311	續20	15839
武 億						
經 讀 考 異	8	727-734	23	8477	19	14649
羣 經 義 證	8	217-224	續 3	2371	續19	14797
邵 晉 涵						
爾 雅 正 義	20	504-523	15	5573	16	11225
邵 懿 辰						
禮 經 通 論	1	1277	續18	14436	續 9	6041
金 榜						
禮 箋	3	554-556	17	6211	8	5207
金 鶚						
求 古 錄 禮 說	15	663-677	續10	7193	續 9	5653
求 古 錄 禮 說 補 遺	1	678	續10	7403	續 9	5863

【 8‐9畫 】　　金侯俞

皇　清　經　解　正　續　編			復　興　版		漢　京　版	
作　者　／　書　名	卷數	卷　　次	冊次	頁　碼	冊次	頁　碼
鄉黨正義	1	679	續10	7415	續17	13693
金日追						
儀禮經注疏正譌	17	609-625	續 9	6842	續10	7133
侯　康						
春秋古經說	2	955-956	續14	10702	續13	9749
穀梁禮證	2	957-958	續14	10717	續15	11469
俞　樾						
達齋叢說	1	1350	續19	15342	續20	16409
周易互體徵	1	1351	續19	15349	續 1	671
九族考	1	1352	續19	15352	續10	6729
詩名物證古	1	1353	續19	15356	續 7	4827
士昏禮對席圖	1	1354	續19	15367	續11	8107
禮記異文箋	1	1355	續19	15372	續11	8529
禮記鄭讀攷	1	1356	續19	15391	續11	8511
玉佩考	1	1357	續19	15409	續11	8113
鄭君駁正三禮考	1	1358	續20	15415	續 9	6059
春秋名字解詁補義	1	1359	續20	15427	續13	9775
論語鄭義	1	1360	續20	15441	續17	13665
續論語駢枝	1	1361	續20	15452	續17	13677
羣經平議	35	1362-1396	續20	15458	續19	14913

皇　清　經　解　正　續　編			復　興　版		漢　京　版	
作　者　／　書　名	卷數	卷　　次	冊次	頁　碼	冊次	頁　碼
古書疑義舉例	7	1397-1403	續20	15940	續20	15939
俞正燮						
癸巳類稿	6	834-839	續13	9636	續20	16083
癸巳存稿	4	840-843	續13	9708	續20	16157
姜宸英						
湛園札記	1	194	5	1833	17	12373
姚配中						
周易姚氏學	16	882-897	續13	10041	續 1	403
柳興恩						
穀梁大義述	30	989-1018	續15	11011	續15	11489
段玉裁						
古文尚書撰異	33	567-599	17	6409	5	3085
毛詩故訓傳	30	600-629	18	6701	6	3947
詩經小學	4	630-633	18	6811	6	4057
周禮漢讀考	6	634-639	18	6851	9	5655
儀禮漢讀考	1	640	18	6943	9	5747
說文解字注	15	641-655	19	6949	15	10555
六書音均表	5	656-660	20	7563	16	11169
經韻樓集	6	661-666	20	7619	20	15327

【 9畫 】 洪胡

皇 清 經 解 正 續 編			復 興 版		漢 京 版	
作 者 ／ 書 名	卷數	卷 次	冊次	頁 碼	冊次	頁 碼
洪亮吉						
春秋左傳詁	20	250-269	續 4	2823	續13	9915
洪震煊						
夏小正疏義	4	1318-1321	38	14371	9	6203
洪頤煊						
讀書叢錄	1	495	續 8	5844	續20	16077
胡 渭						
禹貢錐指	21	27-47	2	317	3	1245
易圖明辨	10	37-46	續 1	519	續 1	119
胡元玉						
駁春秋名字解詁	1	1427	續20	16297	續13	9797
胡元儀						
毛詩譜	1	1426	續20	16274	續 8	5191
胡匡衷						
儀禮釋官	9	775-783	23	8749	11	7201
鄭氏儀禮目錄校證	1	190	續 3	2183	續10	6845

皇　清　經　解　正　續　編			復　興　版		漢　京　版	
作 者 ／ 書 名	卷數	卷　　次	冊次	頁　碼	冊次	頁　碼
胡承珙						
毛詩後箋	30	448-477	續 7	5096	續 4	2784
儀禮古今文疏義	17	478-494	續 8	5761	續10	6993
胡秉虔						
卦本圖攷	1	353	續 6	4107	續 1	651
胡培翬						
燕寢考	3	1299-1301	37	14223	10	6437
研六室雜著	1	1302	37	14241	18	13587
儀禮正義	40	698-737	續11	7807	續10	7217
禘祫問答	1	738	續11	8495	續11	8011
胡祥麟						
虞氏易消息圖說	1	929	續14	10445	續 1	657
苗 夔						
說文聲讀表	7	959-965	續14	10736	續18	14661
迮鶴壽						
齊詩翼氏學	4	848-851	續13	9809	續 7	4689
倪文蔚						

【 １０畫 】 夏孫徐秦郝

皇 清 經 解 正 續 編			復 興 版		漢 京 版	
作 者 ／ 書 名	卷數	卷 次	冊次	頁 碼	冊次	頁 碼
禹貢說	1	1404	續20	15998	續 3	2070
夏 炘						
學禮管釋	18	966-983	續14	10802	續 9	5875
孫志祖						
讀書脞錄	2	491-492	15	5395	18	13107
讀書脞錄續編	2	493-494	15	5411	18	13123
孫星衍						
尚書今古文注疏	39	735-773	23	8523	4	2761
問字堂集	1	774	23	8733	20	15465
徐養原						
周官故書攷	4	516-519	續 8	5996	續10	6415
儀禮古今文異同疏證	5	520-524	續 8	6036	續10	7077
論語魯讀攷	1	525	續 8	6082	續17	13211
頑石廬經說	10	526-535	續 8	6091	續19	15501
秦蕙田						
觀象授時	14	288-301	9	2991	5	3377
郝懿行						

皇 清 經 解 正 續 編			復 興 版		漢 京 版	
作 者／書 名	卷數	卷 次	冊次	頁 碼	冊次	頁 碼
爾雅義疏	20	1257-1276	36	13747	16	11765
馬宗璉						
春秋左傳補注	3	1277-1279	37	13975	13	9095
馬瑞辰						
毛詩傳箋通釋	32	416-447	續 6	4616	續 4	2305
崔應榴						
吾亦廬稿	4	1323-1326	38	14415	19	14337
張成孫						
說文諧聲譜	9	650-658	續10	7075	續18	14185
張惠言						
周易虞氏義	9	1218-1226	35	13253	1	461
周易虞氏消息	2	1227-1228	35	13359	1	567
虞氏易禮	2	1229-1230	35	13389	1	597
周易鄭氏義	2	1231-1232	35	13413	1	621
周易荀氏九家義	1	1233	35	13435	1	643
易義別錄	14	1234-1247	35	13441	2	649
易圖條辨	1	307	續 5	3690	續 1	242
虞氏易事	2	308-309	續 5	3708	續 1	260
虞氏易言	2	310-311	續 5	3732	續 1	284

皇 清 經 解 正 續 編				復 興 版		漢 京 版	
作 者 / 書 名	卷數	卷 次		冊次	頁 碼	冊次	頁 碼
虞氏易候	1	312		續 5	3759	續 1	311
儀禮圖	6	313-318		續 5	3768	續10	6869
讀儀禮記	2	319-320		續 5	3890	續10	6851
張敦仁							
撫本禮記鄭注考異	2	1075-1076		30	11419	10	6455
梁玉繩							
瞥記	1	1179		32	12533	20	14721
梁履繩							
左通補釋	32	270-301		續 5	3183	續14	10275
盛百二							
尚書釋天	6	485-490		14	5305	5	2971
莊存與							
春秋正辭	13	375-387		11	3895	12	8345
卦氣解	1	160		續 3	1993	續 1	674
周官記	5	161-165		續 3	1997	續10	6385
周官說	2	166-167		續 3	2027	續 9	6341
周官說補	3	168-170		續 3	2040	續 9	6354

皇 清 經 解 正 續 編			復 興 版		漢 京 版	
作 者 ／ 書 名	卷數	卷 次	冊次	頁 碼	冊 次	頁 碼
莊述祖						
毛詩攷證	4	231-234	續 4	2534	續 8	5239
毛詩周頌口義	3	235-237	續 4	2557	續 7	4921
五經小學述	2	238-239	續 4	2605	續19	15449
許宗彥						
鑑止水齋集	2	1255-1256	36	13709	18	13547
許桂林						
春秋穀梁傳時月日書法釋例	4	659-662	續10	7166	續15	11441
許鴻磐						
尚書札記	4	1409-1412	40	15517	3	1741
陳立						
公羊義疏	76	1189-1264	續18	13467	續16	12255
白虎通疏證	12	1265-1276	續18	14235	續 9	6129
陳奐						
詩毛氏傳疏	30	778-807	續12	9029	續 5	3449
釋毛詩音	4	808-811	續12	9392	續 8	5165
毛詩說	1	812	續12	9418	續 6	3832

【 11畫 】 陳

皇　清　經　解　正　續　編			復　興　版		漢　京　版	
作者／書名	卷數	卷　　　次	冊次	頁　碼	冊次	頁　碼
毛詩傳義類十九篇	1	813	續12	9433	續 6	3813
鄭氏箋攷徵	1	814	續13	9453	續19	15487
公羊逸禮攷徵	1	815	續13	9467	續15	12063
陳　澧						
禹貢圖	1	944	續14	10601	續 3	2048
東塾讀書記	10	945-954	續14	10611	續20	16197
陳厚耀						
春秋長曆	10	47-56	續 1	642	續13	9527
陳啟源						
毛詩稽古編	30	60-89	3	809	7	4369
陳喬樅						
今文尚書經說攷	38	1079-1116	續16	11892	續 2	1273
尚書歐陽夏侯遺說攷	1	1117	續16	12494	續 3	1876
魯詩遺說攷	20	1118-1137	續16	12512	續 6	4114
齊詩遺說攷	12	1138-1149	續17	12747	續 6	4349
韓詩遺說攷	17	1150-1166	續17	12884	續 7	4487
毛詩鄭箋改字說	4	1167-1170	續17	13085	續 8	5623
詩經四家異文攷	5	1171-1175	續17	13115	續 8	5441

皇　清　經　解　正　續　編			復　興　版		漢　京　版	
作　者　／　書　名	卷數	卷　　次	冊次	頁　碼	冊次	頁　碼
齊詩翼氏學疏證	2	1176-1177	續17	13297	續7	4711
禮堂經說	2	1178-1179	續17	13323	續20	15747
禮記鄭讀攷	6	1180-1185	續17	13354	續11	8409
陳壽祺						
五經異義疏證	3	1248-1250	35	13513	18	13403
左海經辨	2	1251-1252	36	13623	18	13351
左海文集	2	1253-1254	36	13675	18	13513
尚書大傳輯校	3	354-356	續6	4113	續2	1145
陳壽熊						
讀易漢學私記	1	1347	續19	15298	續1	637
陳懋齡						
經書算學天文攷	1	1328	38	14459	20	15251
陶方琦						
漢孳室文鈔	2	1421-1422	續20	16216	續20	16417
淩廷堪						
禮經釋例	13	784-796	24	8845	8	5311
校禮堂文集	1	797	24	9079	8	5545

皇 清 經 解 正 續 編				復 興 版		漢 京 版	
作 者 ／ 書 名	卷數	卷 次		冊 次	頁 碼	冊 次	頁 碼
凌 曙							
公羊禮說	1	1355		39	14725	13	9391
禮說	4	1356-1359		39	14741	9	5559
公羊禮疏	11	852-862		續13	9830	續15	12075
公羊問答	2	863-864		續13	9922	續15	12169
春秋繁露注	17	865-881		續13	9938	續13	9811
惠 棟							
周易述	21	330-350		10	3503	1	257
古文尚書考	2	351-352		10	3707	5	3061
春秋左傳補註	6	353-358		10	3731	13	8615
九經古義	16	359-374		11	3803	19	14379
易例	2	137-138		續 3	1790	續 1	39
易漢學	8	139-146		續 3	1821	續 1	71
明堂大道錄	8	147-154		續 3	1869	續10	6533
禘說	2	155-156		續 3	1943	續11	7997
惠士奇							
易說	6	208-213		6	2069	1	203
禮說	14	214-227		6	2123	8	5003
春秋說	15	228-242		7	2313	12	8059
惠周惕							

皇　清　經　解　正　續　編			復　興　版		漢　京　版	
作 者 ／ 書 名	卷數	卷　　次	冊 次	頁　碼	冊 次	頁　碼
詩說	3	190-192	5	1809	6	3873
詩說附錄	1	193	5	1829	6	3893
曾　　釗						
周禮注疏小箋	5	816-820	續13	9478	續10	6473
曾國藩						
讀儀禮錄	1	1050	續15	11573	續11	7975
焦　　循						
易章句	12	1077-1088	30	11443	2	757
易通釋	20	1089-1108	30	11513	2	843
易圖略	8	1109-1116	31	11781	2	1095
孟子正義	30	1117-1146	31	11839	14	9993
周易補疏	2	1147-1148	32	12209	2	1153
尚書補疏	2	1149-1150	32	12227	3	1721
毛詩補疏	5	1151-1155	32	12245	6	4097
禮記補疏	3	1156-1158	32	12289	10	6479
春秋左傳補疏	5	1159-1163	32	12319	13	8687
論語補疏	2	1164-1165	32	12361	14	9811
禹貢鄭注釋	2	357-358	續 6	4153	續 3	2002
羣經宮室圖	2	359-360	續 6	4194	續19	14847
程廷祚						

皇　清　經　解　正　續　編			復　興　版		漢　京　版	
作　者／書　名	卷數	卷　　次	冊次	頁　碼	冊次	頁　碼
晚書訂疑	3	157-159	續 3	1956	續20	15901
程瑤田						
宗法小記	1	524	16	5789	8	5193
儀禮喪服文足徵記	10	525-534	16	5805	11	7297
釋宮小記	1	535	16	5925	9	5907
考工創物小記	4	536-539	16	5939	9	5921
磬折古義	1	540	16	6045	15	10451
溝洫疆理小記	1	541	16	6061	9	6027
禹貢三江考	3	542-544	16	6089	3	1659
水地小記	1	545	16	6123	15	10467
解字小記	1	546	17	6131	15	10475
聲律小記	1	547	17	6135	15	10479
九穀考	4	548-551	17	6137	15	10481
釋草小記	1	552	17	6181	15	10525
釋蟲小記	1	553	17	6203	15	10547
馮　景						
解春集	2	205-206	6	2021	12	8031
馮登府						
國朝石經攷異	1	1401	40	15357	17	12901
漢石經攷異	1	1402	40	15388	17	12932

皇 清 經 解 正 續 編			復 興 版		漢 京 版	
作 者 ／ 書 名	卷數	卷 次	冊次	頁 碼	冊次	頁 碼
魏石經攷異	1	1403	40	15407	17	12951
唐石經攷異	1	1404	40	15415	17	12959
蜀石經攷異	1	1405	40	15431	17	12975
北宋石經攷異	1	1406	40	15444	17	12988
三家詩異文疏證	2	1407-1408	40	15461	7	4701
三家詩異文疏證補遺	1	1408	40	15495	7	4735
十三經詁答問	6	741-746	續11	8587	續19	15401
黃 模						
夏小正分箋	4	573-576	續 9	6580	續11	8601
夏小正異義	2	577-578	續 9	6597	續11	8619
黃以周						
禮說略	3	1416-1418	續20	16120	續 9	6072
經說略	2	1419-1420	續20	16176	續20	15799
黃式三						
春秋釋	1	1019	續15	11303	續13	9765
萬斯大						
學禮質疑	2	48-49	3	731	8	4973
學春秋隨筆	10	50-59	3	761	12	7983
禮記偶箋	3	25-27	續 1	230	續11	8175

【 13-14畫 】　鄒褚翟臧趙

皇 清 經 解 正 續 編				復 興 版		漢 京 版	
作 者 ／ 書 名	卷數	卷 次		冊次	頁 碼	冊次	頁 碼
鄒漢勛							
讀書偶識	11	1309-1319		續19	14866	續20	16289
褚寅亮							
儀禮管見	17	171-187		續 3	2070	續10	6749
翟灝							
四書考異	36	449-484		14	5069	17	12499
爾雅補郭	2	188-189		續 3	2165	續18	13889
臧庸							
拜經日記	8	1170-1177		32	12421	18	13181
拜經文集	1	1178		32	12509	18	13269
臧琳							
經義雜記	10	195-204		5	1843	19	14471
臧壽恭							
春秋左氏古義	6	579-584		續 9	6606	續14	10863
趙坦							
春秋異文箋	13	1303-1315		37	14249	12	8471
寶甓齋札記	1	1316		38	14349	18	13595

皇　清　經　解　正　續　編				復　興　版		漢　京　版	
作　者／書　名	卷數	卷　　次		冊次	頁　碼	冊次	頁　碼
寶甓齋文集	1	1317		38	14365	18	13611
齊召南							
尚書注疏考證	1	310		9	3309	4	2687
禮記注疏考證	1	311		9	3317	4	2695
春秋左傳注疏考證	2	312 - 313		9	3329	4	2707
春秋公羊傳注疏考證	1	314		9	3355	4	2733
春秋穀梁傳注疏考證	1	315		9	3371	4	2749
劉文淇							
左傳舊疏考正	8	747 - 754		續12	8635	續14	11103
劉台拱							
劉氏遺書	1	798		24	9093	20	15459
經傳小記	1	207		續 3	2280	續19	15471
國語補校	1	208		續 3	2295	續16	13023
劉玉麐							
覽齋遺稿	1	1369		39	14857	19	14367

皇　清　經　解　正　續　編			復　興　版		漢　京　版	
作　者／書　名	卷數	卷　　次	冊次	頁　碼	冊次	頁　碼
劉恭冕						
何休注訓論語述	1	1412	續20	16077	續17	13685
劉書年						
劉貴陽經說	1	1320	續19	14985	續20	15779
劉逢祿						
春秋公羊經何氏釋例	10	1280-1289	37	14025	13	9425
公羊春秋何氏解詁箋	1	1290	37	14141	13	9407
發墨守評	1	1291	37	14159	18	13585
穀梁廢疾申何	2	1292-1293	37	14161	13	9543
左氏春秋考證	2	1294-1295	37	14183	13	9069
箴膏肓評	1	1296	37	14201	13	9087
論語述何	2	1297-1298	37	14209	14	9925
書序述聞	1	321	續5	3907	續2	1117
尚書今古文集解	31	322-352	續6	3935	續2	945
劉毓崧						
周易舊疏考正	1	1345	續19	15274	續1	574
尚書舊疏考正	1	1346	續19	15282	續2	1223

皇　清　經　解　正　續　編			復　興　版		漢　京　版	
作　者　／　書　名	卷數	卷　　次	冊次	頁　碼	冊次	頁　碼
劉壽曾						
昏禮重別論對駁義	2	1423-1424	續20	16238	續11	8119
劉履恂						
秋槎雜記	1	1322	38	14401	19	14323
劉寶楠						
論語正義	24	1051-1074	續15	11583	續17	13409
釋穀	4	1075-1078	續16	11839	續18	14729
潘維城						
論語古注集箋	20	909-928	續14	10280	續17	13243
蔣仁榮						
孟子音義攷證	2	1348-1349	續19	15312	續17	13857
蔣廷錫						
尚書地理今釋	1	207	6	2049	3	1693
鄭　珍						
輪輿私箋	2	932-933	續14	10469	續10	6621
儀禮私箋	8	935-942	續14	10513	續11	7905

【 15-16畫 】　鄭盧錢閻

皇　清　經　解　正　續　編			復　興　版		漢　京　版	
作　者　／　書　名	卷數	卷　　次	冊次	頁　碼	冊次	頁　碼
巢經巢經說	1	943	續14	10582	續20	15683
鄭知同						
輪輿圖	1	934	續14	10508	續10	6660
盧文弨						
鍾山札記	1	388	11	3999	17	12735
龍城札記	1	389	11	4013	17	12749
錢　塘						
溉亭述古錄	2	717-718	22	8379	20	15429
錢　坫						
爾雅古義	2	213-214	續 3	2329	續18	13907
爾雅釋地四篇注	1	215	續 3	2341	續18	13919
車制攷	1	216	續 3	2358	續10	6607
錢大昕						
十駕齋養新錄	3	439-441	14	4959	17	12757
十駕齋養新餘錄	1	442	14	4996	17	12794
潛研堂文集	6	443-448	14	4999	17	12797
閻若璩						
四書釋地	1	20	1	185	17	12399

皇 清 經 解 正 續 編			復 興 版		漢 京 版	
作 者 ／ 書 名	卷數	卷 次	冊次	頁 碼	冊次	頁 碼
四書釋地續	1	21	1	200	17	12414
四書釋地又續	1	22	1	219	17	12433
四書釋地三續	1	23	1	259	17	12473
孟子生卒年月考	1	24	1	285	14	9987
潛邱劄記	2	25-26	1	291	19	14695
尚書古文疏證	9	28-36	續 1	261	續 2	687
龍敏瑞						
爾雅經注集證	3	1186-1188	續17	13454	續18	14783
戴　震						
毛鄭詩考正	4	557-560	17	6267	6	3897
杲溪詩經補注	2	561-562	17	6301	6	3931
考工記圖	2	563-564	17	6317	9	5849
戴東原集	2	565-566	17	6375	17	12867
鍾文烝						
穀梁補注	24	1321-1344	續19	15004	續15	11781
魏　源						
書古微	12	1280-1291	續19	14471	續 3	2109
詩古微	17	1292-1308	續19	14598	續 6	3846
羅士琳						

皇 清 經 解 正 續 編			復 興 版		漢 京 版	
作 者 ／ 書 名	卷數	卷　　次	冊次	頁　碼	冊次	頁　碼
春秋朔閏異同	2	755-756	續12	8738	續13	9681
嚴　杰						
經義叢鈔	30	1371-1400	39	14891	20	14735
嚴元照						
爾雅匡名	20.	496-515	續 8	5848	續18	14035
嚴可均						
說文聲類	16	365-380	續 6	4287	續18	13937
說文聲類出入表	1	381	續 6	4345	續18	13995
顧炎武						
左傳杜解補正	3	1-3	1	15	12	8571
音 論	1	4	1	49	15	10441
易 音	3	5-7	1	59	1	1
詩本音	10	8-17	1	75	6	3799
日知錄	2	18-19	1	149	17	12155
九經誤字	1	1	續 1	16	續19	15397
顧棟高						
春秋大事表	66	67-132	續 2	873	續12	8629
春秋大事表輿圖	1	133	續 3	1703	續12	9460

皇 清 經 解 正 續 編				復 興 版		漢 京 版	
作 者 ／ 書 名	卷數	卷 次		冊 次	頁 碼	冊 次	頁 碼
龔自珍							
大誓荅問	1	930		續14	10455	續 3	1995
春秋決事比	1	931		續14	10462	續13	9741